AF482471

SimpleMENTE AHORA

Cómo liberarte del caos de la mente
y encontrar paz en el presente

ALEJANDRA SAAVEDRA

Simple**MENTE** ahora
Cómo liberarte del caos de la mente y encontrar paz en el presente
Alejandra Saavedra

1.ª edición

Editorial Hojas del Sur S.A.
Buenos Aires, C1419FSU, Argentina
e-mail: info@hojasdelsur.com
www.hojasdelsur.com

ISBN: 978-631-6631-21-3

Dirección editorial: Andrés Mego
Fotografía de autora: Emilia Bidalun
Edición: Silvana Freddi
Diseño: Noelia Pepe

Saavedra, Alejandra
   Simplemente ahora : cómo liberarte del caos de la mente y encontrar paz en el presente / Alejandra Saavedra. - 1a ed. - Ciudad Autónoma de Buenos Aires : Hojas del Sur, 2025.
   144 p. ; 21 x 14 cm.

   ISBN 978-631-6631-21-3

   1. Psicología. 2. Salud Mental. I. Título.
   CDD 150

© 2025 Editorial Hojas del Sur S.A.

Índice

Agradecimientos

Justo enfrente del departamento en el que vivía en el 2020, había una librería. Pasé por allí mil veces, paseando, entrando a chusmear, o para comprar alguno de esos libros mágicos que te salvan en momentos de crisis. Pero, un día, me quedé atrapada mirando la vidriera, y esta vez fue diferente porque no tenía nada que ver con los libros que estaban expuestos. Podría decirse que fue una visita reveladora y el inicio de un sueño que hoy tienes en tus manos.

Ese día, vi mi libro ahí entre todos esos títulos. Ese día supe que llegaría este día.

El 2020 fue un año difícil para todos, y yo entendí que tenía una misión muy especial, ya que llegaban a mí miles y miles de personas que buscaban ayuda. En tan solo tres meses dupliqué de manera orgánica la cantidad de mis seguidores. El mundo necesitaba escuchar lo que tenía para decir. Justamente entonces, en medio de ese caos, nació en mí la idea de escribir un libro. Mis talleres y mi contenido estaban ayudando a tanta gente que, de alguna manera, esas herramientas tenían que quedar impresas.

Por eso, mi primer agradecimiento es a mi comunidad de Instagram, mi fuente ilimitada de inspiración, que, con sus mensajes de gratitud, me llenó de motivación.

Agradezco también a mi a mi editorial que, además de haber confiado en mí, me hizo recordar la magia que hay en nuestras intenciones. El universo responde a todos nuestros deseos. Yo decreté que iba a tener publicado un libro; lo vi en la vidriera de esa librería y, exactamente seis meses después, recibí un mensaje de Andrés, en el que me proponía empezar un proyecto de libro y publicarlo. Sil, gracias por tu paciencia y por adaptarte a mi manera de trabajar.

Cada herramienta que vas a encontrar aquí viene de la mezcla del dolor/incomodidad con la consciencia. Por eso, mi tercer agradecimiento va a todas esas experiencias, que en su momento fueron dolorosas, difíciles de aceptar. Estas contribuyeron a que yo pudiera entender y, sobre todo, a ver la vida desde un ángulo más amoroso y empático. Me entregaron mucho más de lo que pensé. Los momentos dolorosos nos enfrentan con micromuertes y, por ende, con una variedad de renaceres que expanden y enriquecen nuestras perspectivas. Pero, sobre todo, nos llevan por caminos que nuestra mente jamás pudo imaginar.

Y, por último, pero no menos importante, me agradezco a mí, por no haber bajado los brazos las mil y una veces que sentí que no iba a poder con esto. Por tener sueños grandes, pero también por tener la valentía de ir al mundo a ejecutarlos.

Dedicatoria

A mi hija Kala por ser el motor más poderoso que existe en este planeta, la verdadera razón por la cual elijo ser el ser humano que esté a la altura de su inmensa grandiosidad. Ella es la fuente de mi evolución, la que me impulsó a pasar de la teoría a la práctica, la que me hizo entender lo que significa realmente estar presente para otro, la que me ayudó a dejar de reaccionar a mis patrones y a elegir responder desde un lugar más consciente, compasivo y respetuoso con su camino. Kala fue, es y va a seguir siendo el camino a mi corazón.

A mi mamá por ser un ejemplo de constancia, de que no hay fuerza más poderosa que creer en uno mismo. Por haberme dedicado "Color esperanza", mi himno en los momentos difíciles, desde muy pequeña:

> *Sentirás que el alma vuela*
> *por cantar una vez más.*
> *Saber que se puede,*
> *querer que se pueda*
> *quitarse los miedos,*
> *sacarlos afuera,*
> *pintarse la cara*
> *color esperanza,*
> *tentar al futuro*
> *con el corazón.*

A mi hermana Valeria por ser la perfecta combinación de diversión con charlas profundas. Gracias por ser mi compañera y la mejor tía que Kala puede tener. Por haber estado ahí en todos esos momentos de crisis, pero también por potenciar toda la diversión y locura que existe en mí.

A mi hermano Rodolfo, mi consejero, la persona más noble y divertida que conozco. Gracias por esas infinitas charlas, por enseñarme que la conexión nada tiene que ver con la cercanía. Siempre te sentí cerca, a pesar de que, la mayor parte del tiempo, nos separan miles de kilómetros.

Y, obviamente, te dedico este libro, querido lector. Quizás no te conozco, pero tu energía estuvo conmigo en cada palabra. Espero que este libro te acompañe y te transforme en luz en esos momentos de oscuridad.

Introducción

El libro que estás a punto de leer surge a partir de un descubrimiento muy poderoso que tuve al practicar una consciencia plena, y de mi experiencia como terapeuta. Un día descubrí que la mayor parte del tiempo estaba desconectada del momento presente, mi mente viajaba al pasado y al futuro sin parar, a través de pensamientos de culpa, de reproches que me llenaban de nostalgia y de preocupaciones, de miedos que me hacían sentir ansiedad por el futuro.

Todas estas sensaciones y emociones generaban en mí un estado de sufrimiento que me llevaron a reaccionar y a pensar en el poder que tiene nuestra mente. En tan solo unos segundos, esta puede viajar al pasado y crear las mejores películas de drama que puedas imaginarte, dignas de un Grammy… Pero el problema no está en crear esa película o esos pensamientos (de hecho, nuestra naturaleza trabaja instintivamente para que tengamos ese tipo de mentalidad), sino que el verdadero problema y principal razón de nuestro sufrimiento es creer demasiado en todo lo que pensamos, y así dejamos que esta manera de pensar nos gobierne. Al hacerlo, sin darnos cuenta, nos convertimos en esclavos de nuestra propia mente. Más allá de tu voluntad y de la mía, hay algo que nos domina y nos lleva a repetir una y otra vez sin parar lo que nos causa aflicción y se convierte casi en una adicción.

Sin más, por ejemplo, mi mente fue uno de los obstáculos que debí vencer a la hora de escribir este libro. Pero pude, y hoy lo tienes, junto con todas aquellas herramientas poderosas y efectivas —aprobadas por la ciencia— que te ayudarán a salir de tu mente para entrar en tu presente. Al hacerlo, podrás concientizar cada uno de esos pensamientos de miedo, ansiedad, control que te invaden día a día. Al mismo tiempo, serás capaz de salirte de escenarios de un futuro lleno de momentos negativos que solo viven en tu imaginación, de pensamientos culposos que una y otra vez te dicen que "podrías haberlo hecho mejor" y solo hacen que quedes atrapado en el dolor y en el miedo.

Puedo escribir acerca de esto porque yo también estuve ahí. Mi mente se había vuelto una especialista en la queja, en sentir que nada era suficiente. Sin importar con quién estuviera ni dónde estuviera, vivía reprochándome. Pasaba horas pensando y analizando, una y otra vez, hechos del pasado y preguntándome qué pude haber hecho diferente para que todo hubiera salido "bien" o, mejor dicho, para que todo hubiera sido como a mí me hubiera gustado que fuese. Incluso podía pasar horas imaginando cómo habría sido mi vida hoy si hubiera tomado esas "perfectas decisiones", hasta que un día comprendí que la mente podía convertir en infierno el mismísimo paraíso. Necesitaba dejar de controlar la realidad externa y hacerme responsable de mi mundo interior. Si bien sabemos que lo que sucede afuera es importante, lo que pasa en nuestro interior es *determinante*. Nuestra manera de ver la vida puede transformar la calidad de nuestra vida en un segundo.

> **Nuestra mentalidad hace la diferencia.**
> **El cambio está mucho más cerca de lo**
> **que te imaginas.**

Llevo años estudiando la mente humana. Mi primer acercamiento fue cuando empecé a jugar al tenis profesionalmente. Tenía doce años cuando escuché con claridad mi "autodiálogo" y noté cómo mi actitud cambiaba si mi manera de hablarme era positiva. Desde muy pequeña trabajé con psicólogos deportivos que me enseñaban a visualizar. A muy temprana edad, entendí el poder que tiene la mente. Alrededor de mis 21 años, comencé a descubrir el *mindfulness* y a notar en mí una capacidad de volverme observadora de la realidad, de parar y contemplar. No voy a negarte que al principio me asusté, pero después aprendí que esta capacidad de observar, de distanciarse se llama *mindfulness* o *consciencia plena* y, desde que lo practico, me volví una experta en el funcionamiento de mi mente. Poder posicionarme como testigo ante mis pensamientos me ha dado más información que años de terapia.

Entonces, ¿qué vas a aprender en este libro?

Si este libro está en tus manos, probablemente sea porque vengas intentando reducir tus niveles de ansiedad, sufrimiento, tristeza, culpa, reproches etc., y te gustaría convertirte en una persona más presente, agradecida, conectada. Pero, probablemente, no sepas cómo ni por dónde empezar. Por eso aquí encontrarás mucha información pero, sobre todo, un mapa, una especie de ruta que te guiará hacia la construcción de hábitos mentales, lo cual te permitirá volver al presente.

En la primera parte, aprenderás las bases del funcionamiento de nuestra mente. Ten en cuenta que no podemos cambiar aquello que no conocemos. Nacemos con una mente que funciona día y noche, y aprender sus mecanismos nos coloca al mando. Este saber nos permitirá salir del "piloto automático", ese estado de nuestra mente que nos produce tanto sufrimiento. Por lo general, cuando operamos desde allí, estamos siendo guiados por nuestra parte más primitiva: el instinto de supervivencia. Su objetivo principal es que sobrevivamos, y no que seamos felices.

También conocerás más acerca del miedo y de cómo tus pensamientos pueden desencadenar en tu cuerpo una reacción tan fuerte y real como la que generaría un verdadero peligro, lo cual produce estados de ansiedad muy altos, o incluso ataques de pánico. Además, te contaré cómo funciona tu atención, y cómo aprender a dirigirla. Esta nueva habilidad cambiará por completo tu vida. No en vano se dice que somos aquello a lo que le prestamos atención.

En la segunda parte, estarás en contacto con aquellos patrones que hoy estás repitiendo sin parar, que te sumergen en un estado de sufrimiento constante.

En la tercera parte, aprenderás a desarrollar ciertas habilidades y a incorporar herramientas que te permitirán traer tu mente al presente. Al mismo tiempo, lograrás soltar esas ideas que te dicen cómo son (o deberían ser) las cosas... *Soltar...* una palabra que todos suelen decir, pero que muy pocas veces llevamos a la práctica.

Soltar el control...
Soltar momentos...
Soltar el pasado...
Soltar la necesidad de saber qué va a pasar...
Soltar tu ego, tus formas...
Soltar ciertos lugares y ciertas personas, etc.

Y lo más importante es que te amigarás con la incertidumbre y sus infinitas posibilidades.

Esto es fácil de entender pero, sobre todo, fácil de poner en práctica. No necesitarás horas de meditación ni irte durante meses a la India para encontrarte. Con este libro experimentarás el cambio a través de tu propia vida y gracias a esta. Dejarás de pelearte con lo que te pasa porque habrás encontrado, en la cotidianeidad, puentes hacia tu propia sabiduría.

Lo que piensas no es la realidad. Y el simple hecho de que estés aquí dispuesto a cuestionar y a aprender ya es un paso enorme en tu camino hacia una vida con más presencia, calma y gratitud.

CAPÍTULO 1

Atrapados en nuestros pensamientos

La mente es la fiel amiga del hombre solo cuando ha sido conquistada por el espíritu.

(Bhagavad-Gita)

¿Te diste cuenta de que hoy estuviste ausente de tu vida? Tal vez estabas presente físicamente, pero tu mente divagaba entre los pensamientos del futuro y del pasado. Te despertaste y, mientras tomabas el café de la mañana, empezó el bombardeo mental: "Qué sueño, ¿por qué no me acosté más temprano?", "Hoy tengo un día agotador". Camino al trabajo, otros pensamientos te invaden: "Tengo que pagar la factura de internet". También te preocupa no llegar a fin de mes: "Debería buscar otro trabajo en el que me valoren y me paguen mejor". Al llegar a tu oficina, te acuerdas de que a la noche es el cumpleaños de tu amiga y todavía no le compraste un regalo. La sensación de culpa te invade, y te dices: "Nunca puedo tomarme tiempo para pensar en un lindo regalo; soy la peor amiga… siempre me pasa lo mismo".

Al entrar a la primera reunión, te sientes abrumada y, en un momento de frustración, les respondes de mala manera a tus compañeros, quienes te miran sorprendidos.

Mientras almuerzas en el comedor, en lugar de disfrutar de la comida y de la compañía de tus colegas, sientes la necesidad de repasar una y otra vez la situación de la reunión: "¿Cómo pude contestar así? Es mejor que renuncie antes de que me despidan". Pero, de repente, te preocupas por el aumento del alquiler y por cómo harás para hacer ese viaje soñado si ya no tienes ese trabajo. Más tarde, durante una llamada importante con un cliente, tu mente se escapa a esa discusión que tuviste con tu pareja la semana pasada, y te pierdes en el diálogo, lo que te hace parecer distraída e irresponsable. Al finalizar la jornada laboral, recuerdas que debes pasar por el supermercado antes de ir a casa pero, en lugar de centrarte en lo que necesitas comprar, te encuentras pensando en cómo será tu vida dentro de cinco años y si lograrás cumplir todos esos objetivos personales y profesionales que te propusiste.

Pero esto no termina aquí… Al llegar a tu casa, te sientas en el sillón y experimentas en el pecho una angustia, cuya causa no logras identificar y, probablemente, te preguntas: "¿Qué me está pasando, si lo único que hice hoy fue ir a trabajar?".

La realidad es que, a lo largo del día, a pesar de estar presente físicamente en cada lugar —aun sin que tú misma lo notes—, tu mente ha estado en piloto automático, saltando entre preocupaciones del pasado y del futuro, robándote la posibilidad de disfrutar y vivir plenamente el presente al generar toneladas de ansiedad. Y, seguramente, así fue. El hecho es que los seres humanos somos la única especie que tiene la habilidad de pasar mucho tiempo pensando en algo distinto a lo que le está sucediendo en ese momento. Sin embargo, esa "capacidad" tiene fuertes efectos en la salud mental y física.

Tú creas tus pensamientos y después tus pensamientos te crean a ti.

Imagínate si todos los días necesitaras pensar conscientemente cada movimiento de tu cepillo de dientes, cada paso para preparar tu café.

Imagina si tuvieras que reaprender a manejar cada vez que te subes a tu auto, o si tuvieras que descifrar el significado de cada palabra al leer este libro. ¿Y qué hay de tu identidad? ¿Qué sucedería si tuvieras que recordar conscientemente todos los detalles de quién eres, tus gustos y aversiones, tus recuerdos y tus planes futuros, en lugar de, simplemente, "saber" todo esto? Seguramente, la vida sería agotadora y abrumadora. No tendríamos energía ni tiempo para nada más. Pero, afortunadamente, nuestro cerebro ha resuelto este problema a través de la automatización (a través de la creación de programas que funcionan de manera automática para, así, dirigir nuestra energía en aquellas actividades que requieren mayor atención o complejidad). El escritor alemán Eckhart Tolle definió la mente de esta manera:

Tú creas tus pensamientos y después tus pensamientos te crean a ti

> **La mente es un instrumento magnífico si se usa correctamente. Utilizada de forma inadecuada, se vuelve muy destructiva. Para decirlo en forma más exacta, no es tanto que la utilices inadecuadamente; generalmente no la utilizas en absoluto. Ella te utiliza a ti.**

Ahora bien, ¿cómo puede ser que nuestra mente nos utilice? Veamos…

Si bien nuestro cerebro es un órgano maravilloso y muy complejo, una de sus características es gastar la menor cantidad de energía posible. Para que esto suceda de manera efectiva, crea hábitos y *patrones mentales* que, al repetirse día a día, se convierten en nuestras creencias más profundas. Una vez instaladas, se activan automáticamente y son nada más y nada menos que el lente con que miramos la realidad. Básicamente, a nuestro cerebro le "conviene" que repitamos dichos pensamientos para no consumir energía. Veamos a qué me estoy refiriendo…

Piloto automático

¿Caminaste alguna vez por el bosque y automáticamente comenzaste a dar pasos por el sendero? Claramente, ¿por qué cortarías malezas o saltarías troncos si ya existe un camino marcado que te hace el paseo mucho más fácil y ameno? Lo mismo sucede con nuestro cerebro. A medida que repetimos una manera de pensar y de actuar, marcamos un sendero, una vía que nos facilita el reaccionar de manera automática frente a diferentes situaciones. El hecho es que todo lo que repetimos, ya sean conductas o pensamientos, se convierte en hábitos (aquella acción que hacemos y que no necesita análisis).

Si no hay consciencia, habrá repetición.

Estas acciones repetidas tantas veces quedaron instaladas en nuestra cotidianeidad, al igual que nuestras creencias. (De allí, la formación de nuestros patrones mentales). Gracias a la automatización, disponemos de la energía que necesitamos para concentrarnos en aquellas cosas que requieren nuestra atención consciente y deliberada. Sin embargo, aunque la economía de esfuerzo es esencial para nuestra supervivencia y eficiencia, también puede ser una trampa si nos lleva a vivir nuestras vidas en piloto automático, sin tener el tiempo necesario para detenernos, observar y estar presentes. Muchos de nosotros experimentamos esta realidad de manera habitual. Como vimos anteriormente, nuestra mente salta de un pensamiento a otro, repitiendo patrones de creencias, sin que seamos conscientes de ello.

En piloto automático, nuestros pensamientos surgen espontáneamente y pueden llevarnos por caminos de preocupación, autocrítica, anticipación, culpa, victimización entre otros. Tal vez, en algún momento, estos senderos mentales hayan sido útiles, nos ayudaron a protegernos o a sobrellevar situaciones difíciles. Pero, con el tiempo, las circunstancias cambian, y nosotros también. Lo que antes pudo haber sido un mecanismo efectivo de supervivencia ahora puede convertirse en un hábito que ya no nos sirve, e incluso puede perjudicarnos.

El problema de esta manera de funcionar sucede cuando viejos patrones mentales que ya no te sirven y generan mucho sufrimiento se repiten una y otra vez… patrones desactualizados que a tu mente le cuesta soltar (ya que te hacen sentir seguro debido a su familiaridad), al mismo tiempo que te alejan del presente y te llevan a creer hechos que no necesariamente son ciertos. Nos acostumbramos tanto a nuestra forma de pensar que incluso creemos que es la única manera de ver la vida, como si la viéramos a través de un viejo mapa que, si bien en un momento nos sirvió, ahora resulta desactualizado y engañoso. Por eso, nuestra tarea es aprender a reconocer estos viejos caminos y, con amabilidad y paciencia, trazar nuevos senderos que estén más alineados con nuestra realidad y con quiénes queremos ser.

Sesgo de confirmación

Recuerdo el caso de una paciente que dudaba mucho de su pareja. Uno de los hechos que más la angustiaban y le generaban ansiedad era que él no respondía rápidamente su mensaje cuando ella le escribía. El joven era médico, y estaba de guardia una cantidad de días al mes. Por este motivo, él no estaba siempre disponible para poder contestar rápidamente y ese espacio vacío que se generaba entre el envío del mensaje y la ausencia de una respuesta llenaba su mente de preocupación. Desde muy pequeña, esta joven había vivido situaciones de mentiras de su padre con su madre, y de las parejas que ella había tenido previamente. Si bien su pareja actual no le daba razones para dudar, el patrón de desconfianza instalado en su mente hacía que cualquier situación que viviera estuviera cargada de ese recuerdo. En cuestión de segundos, cada vez que su novio no contestaba el celular, su mente hacía recortes de la realidad al proyectar que ella también podía ser engañada.

Una vez que este programa de creencias se instala, el cerebro se encarga de sesgar toda la información de su entorno para confirmar el contenido de estas creencias. Este accionar se llama "sesgo de confirmación". Este fenómeno psicológico nos lleva a buscar, interpretar y recordar información de una manera tal que confirmará nuestras creencias y suposiciones preexistentes. Cuando funcionamos en piloto automático, nuestro sesgo de confirmación hace que nuestros pensamientos parezcan más verdaderos de lo que realmente son. Esto quiere decir que, aun teniendo muchísima información de todo tipo en el mundo externo, selectivamente prestemos atención a aquello que defienden nuestras ideas, mientras ignoramos (inconscientemente) cada parte de la información que iría en contra de nuestras creencias. Por ejemplo, si crees que no eres lo suficientemente bueno, tu sesgo de confirmación resaltará cualquier experiencia o señal que confirme esa creencia. Por el contrario, minimizará, o incluso ignorará, cualquier evidencia que contradiga esa creencia. Esta acción puede generar un espiral de pensamiento negativo y automático que te hace sentir aun peor contigo mismo.

A su vez, el sesgo de confirmación afecta aquellas fuentes que utilizamos para recopilar información: blogs, noticieros, diarios, personas, etc. No solo consumiremos aquello que confirme nuestras creencias, sino que sentiremos cierta satisfacción al escucharlo o al leerlo. En política, esto se ve con muchísima claridad. La grieta política está totalmente atravesada por el condicionamiento de nuestra mente y por el sesgo de confirmación. Solemos consumir información que confirme nuestra posición. Sin darnos cuenta, lo mismo sucede en las relaciones humanas. En cada discusión que tenemos, pensamos que tenemos la razón y que el otro está totalmente equivocado, ya que nuestro cerebro —para economizar energía— hará un recorte de la realidad para confirmar sus creencias. De hecho, siempre pienso que lo que más nos separa de otras personas son nuestras propias ideas. Por otro lado, este sesgo afecta también a nuestro foco atencional. Nuestros pensamientos sabrán a qué cosas prestar atención. ¿Qué significa esto? Hagamos juntos un pequeño ejercicio:

Busca en tu entorno, todos los objetos de *color negro* que veas. Tómate tu tiempo y mira detenidamente:

(Puedes escribir aquí tu respuesta o, simplemente, recordar el número).

Ahora, sin mirar, trata de recordar cuántas cosas había de color azul. Por favor, no vuelvas a mirar para que puedas nutrirte del ejercicio. Solo cierra tus ojos y trata de recordar cuántas cosas había de color azul.

Abre los ojos, mira tu entorno y cuenta cuántos objetos hay de color azul. Probablemente, te sorprendas por la cantidad.

Este es un simple y pequeño ejercicio que sirve para vivenciar de qué se trata el sesgo de confirmación y cómo afecta nuestro foco atencional.

¿Qué descubrimos? Cuando nuestra mente tiene una orden o una creencia acerca de algo, limitará la cantidad de información que recibe del entorno. Si yo elijo ver las cosas de color negro, no prestaré atención a las azules, aunque en el lugar haya cientos de estas. Es decir, nuestro foco atencional solo se detendrá en las de color negro. Lo mismo sucede con nuestras creencias. Cuando pensamos que todas las personas son mentirosas, conectaremos con ese tipo de personas, o incluso encontraremos mentiras donde no las hay. Mi interpretación acerca de una situación "dudosa" será desconfiar por cualquier motivo. Cientos de personas podrán haber sido sinceras con nosotros; sin embargo, recordaremos aquellas experiencias que confirmen nuestras creencias.

Justamente por esto la vida es un espejo, una oportunidad hermosa para autoconocernos. Si mi vida está llena de mentiras, hay algo en mis creencias que debo sanar para dejar de hacer este tipo de recorte inconsciente de la realidad.

Una persona puede autogenerarse felicidad o tristeza, independientemente de lo que suceda en la realidad externa al cambiar el contenido de su mente a través de su consciencia. Necesitamos entrenar nuestra consciencia, y así recuperar esa capacidad de dirigir voluntariamente nuestro foco de atención, una habilidad que se incorpora y se entrena.

La mayor parte del tiempo, no somos conscientes de lo que estamos pensando, pero dialogamos con nuestra mente todo el día. Con quien más conversamos es con nosotros mismos. El problema de esto es que nos volvimos adictos a nuestras tendencias y, sin cuestionar, repetimos el drama, el enojo, los problemas, la culpa, las preocupaciones. En lugar de utilizar tus pensamientos y tus creencias de manera consciente y deliberada, es tu mente la que te está utilizando a ti. Pero no todo es malo... la buena noticia es que puedes ser libre de la prisión de tu mente o de tus pensamientos automáticos. A través de la práctica de la atención plena (que veremos más adelante), aprenderás a observar tus pensamientos sin juzgarlos ni identificándote con estos. Reconocerás cuándo tu mente está en piloto automático, para interrumpir, así, esos patrones de pensamiento y, en lugar de ser utilizados por tu mente, utilizarás tu mente como el maravilloso instrumento que es.

Capítulo 2

La mente de mono: Dos modalidades

Una mente dispersa es una mente infeliz.

(Matthew A. Killingsworth y Daniel T. Gilbert)

¿Te pasó alguna vez estar en una reunión familiar y que de repente alguien apague el extractor de la cocina y sentir un gran alivio? Lo increíble es que, cuando el extractor estaba prendido, te habías acostumbrado tanto a su sonido que lo naturalizaste. Lo mismo sucede con tu mente cuando se pierde en un mecanismo de pensamientos del pasado y del futuro que invaden tu experiencia del momento, y generan un ruido interior. El hecho es que lo has naturalizado tanto que no te das cuenta. Y así es cómo la mente vive saltando de un pensamiento a otro, generando un "ruido mental" parecido al del extractor de la cocina. De repente sientes angustia y no entiendes de dónde viene. Te levantas y, sin tu permiso, la mente comienza a generar pensamientos del pasado que nos producen nostalgia, culpa, tristeza, enojo y reproche, pensamientos del futuro acerca de lo que creemos que va a pasar, de lo que debemos hacer mañana. En fin, pensamientos generadores de estrés, miedo y ansiedad. Pero también son pensamientos que nos motivan, nos alegran y nos llenan de esperanza. Nuestra mente no se detiene. De hecho, intenta quedarte pensando en una sola cosa, y verás que tu mente voló a otro pensamiento.

Sin embargo, no todo es malo. En el camino de desactivar patrones de funcionamiento automáticos y de conectar con momentos de mayor consciencia y presencia, existen en nuestra mente dos modalidades de funcionamiento que operan de manera independiente. Literalmente, circuitos neuronales diferentes se encienden según qué sistema esté funcionando, de manera que, si estás utilizando uno, no puedes utilizar el otro. Lo mismo sucede con el estado del sueño y de la vigilia; no puedes estar despierto y dormido al mismo tiempo.

Norman Farb y su equipo de la Universidad de Toronto descubrieron, en un estudio científico, dos tipos de mapas neuronales:

1.*Red neuronal por defecto o mente de mono.*
2.*Experiencia directa o mente orientada a la tarea*[1].

Cada una de estas determina dos maneras diferentes de experimentar el mundo. O estás pensando acerca de la vida o la estás experimentando. Estos estudios demuestran

---

[1] Se desarrollará este punto en el capítulo 3.

que, cuanto más estás en la modalidad de pensamiento, menos estás experimentando y, mientras más presente estás en la modalidad experiencia, menos estás en la narrativa interna. En términos generales, la investigación de Farb sugiere que el cerebro tiene dos modos distintos de procesar la información. El primero, la red neuronal por defecto, se activa cuando la mente divaga o está en reposo. Esta red está asociada a la reflexión interna, la generación de escenarios hipotéticos y la proyección hacia el futuro. El segundo, la red de la mente orientada a la tarea, se activa cuando el individuo está centrado en el mundo exterior, participando en tareas que requieren atención activa y concentración. Esta red permite el procesamiento de información del momento presente y está relacionada con la atención sostenida y con la resolución de problemas.

¿Ya adivinaste cuál de estas dos modalidades (en exceso) nos trae ansiedad, nostalgia, depresión, culpa, estrés, etc.? Profundicemos en el conocimiento de cada una de estas...

1. Mente de mono o red neuronal por defecto

La red neuronal por defecto fue identificada por primera vez en la década del noventa por el investigador en Neurociencia Marcus Raichle durante una serie de experimentos con imágenes de resonancia magnética. Este neurólogo observó que, independientemente de si una persona se encontraba en estado de reposo o, simplemente, dejando vagar su mente, su cerebro continuaba creando una importante actividad interna y un patrón de funcionamiento específico. Esto sugiere que, incluso cuando nos encontramos en un estado de ensueño o de divagación, nuestro cerebro sigue conectado a un mecanismo ordenado y preestablecido en ciertas áreas cerebrales. Es decir, cuando ya hemos finalizado una tarea que nos demanda una atención consciente, estamos caminando o, simplemente, mirando al horizonte, la red neuronal se enciende por defecto. Esta modalidad es llamada por los budistas "la mente de mono" porque, cuando operamos desde esta manera de funcionar, la mente salta de un pensamiento a otro, como si fuera un mono que salta de una rama a la otra sin una dirección precisa.

Así es cómo funciona nuestra mente, como si hiciera un *scrolleo* mental, pasando de una idea a la otra. Lo positivo de este funcionamiento es que la mente puede encontrar soluciones creativas al hacer asociaciones inusuales de ideas.

Analicemos algunos modos de funcionar de la mente de mono:

✓ **Preocupación:** La mente de mono, como dijimos, tiene un imán para atraer pensamientos catastróficos sobre el futuro, enfocándose en miedos y en preocupaciones. No se trata de ser una persona negativa, sino que una de las funciones principales de nuestro cerebro es que sobrevivamos como especie. Por este motivo crea historias sobre un potencial peligro y, así, sentir que está preparado para lo peor, hecho que genera más ansiedad.

Una mente que divaga es una mente infeliz

ALEJANDRA SAAVEDRA

✓ **Rumiación:** Además de llevarnos a escenarios futuros, esta modalidad puede llevarnos a rumiar sobre situaciones pasadas, como repasar una y otra vez un error al producir fuertes sentimientos de culpa, arrepentimiento y tristeza.

✓ **Crítica y autocrítica:** Suele pasar mucho tiempo evaluando y juzgando sus acciones y las de los demás. Esto puede conducir a una baja autoestima y a una permanente duda de uno mismo.

✓ **Miedo al cambio y a la incertidumbre:** La mente no tiene ningún tipo de control en la incertidumbre; por eso se aferra a ideas viejas y conocidas que perpetúan la repetición del pasado.

✓ **Planificación excesiva:** Debido a la necesidad de mantener todo bajo control, intentará adelantarse a todos los posibles escenarios y resultados. Esta necesidad puede generar mucha frustración y sufrimiento cuando las cosas no salen de acuerdo a lo planeado.

✓ **Evitación:** Querrá evitar experiencias y emociones negativas, justamente por su necesidad de mantener todo bajo control. De esta manera, genera un estado de estancamiento, que no permite avanzar y crecer en la vida.

Todas estas características tienen un fuerte impacto en nuestra calidad de vida. Estas afectan directamente nuestras emociones, nuestra salud física y mental. De hecho, la ansiedad es el producto de vivir más tiempo pensando que experimentando la vida día a día. Por eso es que nos urge reconocer estos patrones. De allí la importancia del *mindfulness*, una herramienta muy poderosa que nos ayuda a percibir los momentos en los que nuestra mente divaga para que, así, podamos hacer un stop y dirijamos nuestra atención al momento presente. Básicamente, a pasar de la mente de mono a estar en el presente.

La mente de mono y el circuito narrativo

El circuito narrativo está íntimamente relacionado con el divague de la mente. Este es el encargado del contenido y juega un papel importante en la historia que nos contamos a nosotros mismos sobre quiénes somos, nuestras experiencias pasadas y expectativas futuras, además de teñir la realidad con juicios que este mismo elabora. Al estar atrapados en este circuito, estamos menos presentes en el momento actual, lo que genera una mayor ansiedad al estar constantemente preocupados por lo que ya sucedió o por lo que podría suceder, ya que, si nos identificamos fuertemente con nuestros pensamientos y nos preocupamos por nuestra propia valía y competencia, claramente, la ansiedad aumenta. Este circuito también está involucrado en la rumiación, es decir, en el proceso de pensar repetitivamente en ciertos eventos o emociones, lo que puede llevarnos a sentimientos de ansiedad o de depresión.

Cuando el circuito narrativo se activa, comenzamos a procesar nuestras experiencias a través del filtro de nuestras creencias más profundas. Por ejemplo, si no quedamos en una entrevista laboral (experiencia) y tenemos una creencia profunda de que no somos lo suficientemente buenos, el circuito narrativo generará pensamientos e historias que refuercen esa creencia, como recordar situaciones en las que nos hemos sentido inadecuados o fracasados.

Las historias que nos contamos a nosotros mismos tienen un impacto profundo en cómo experimentamos la vida. Si nos identificamos con un relato de sufrimiento y limitación, nos volvemos prisioneros de nuestros propios pensamientos y emociones negativos. En cambio, si nos liberamos de estas narrativas restrictivas, nos abriremos a la posibilidad de experimentar la vida de una manera más auténtica y plena.

La mente de mono y el instinto de supervivencia

Tu cerebro quiere que sobrevivas, y no que seas feliz. Hace miles de años, nuestra especie enfrentó innumerables desafíos y peligros que amenazaban nuestra supervivencia. Estábamos expuestos a depredadores feroces, condiciones climáticas extremas y la implacable incertidumbre de un mundo en constante cambio. La vida humana estaba en un continuo estado de alerta, en *busca de cualquier signo de peligro* que pudiera acechar a la vuelta de la esquina.

En este escenario ancestral, el miedo desempeñó un papel fundamental en garantizar nuestra supervivencia. Este miedo era una herramienta que nos permitía detectar rápidamente las amenazas, y activar, así, de inmediato nuestras respuestas de lucha o de huida. A la vez, este mecanismo de supervivencia era esencial para la continuidad de nuestra especie, lo que nos permite enfrentar y superar los desafíos que se nos presentaban.

Desde un punto de vista evolutivo, el miedo es una ventaja, ya que activa nuestro cuerpo y nuestra mente para estar alerta y preparados para enfrentar cualquier situación de riesgo. Así fue cómo nuestros antepasados desarrollaron un sistema de alarma interno, que se transmitió a través de las generaciones y que aún hoy forma parte de nuestra constitución biológica. Sin embargo, en nuestra sociedad moderna, muchas de las amenazas que enfrentaron nuestros antepasados *ya no son reales*. En lugar de luchar contra animales salvajes, ahora enfrentamos desafíos más sutiles y complejos, como la presión laboral, las relaciones interpersonales, el estrés cotidiano y, no menos importante, *los pensamientos que pasan por nuestra mente*. Sin embargo, a pesar de que las circunstancias fueron evolucionando, nuestro cerebro sigue funcionando con la misma programación evolutiva, lo que nos lleva a experimentar miedo y ansiedad incluso en situaciones que no representan una amenaza real para nuestra supervivencia. Como resultado, es fundamental aprender a reconocer estas emociones, y distinguir entre los miedos basados en amenazas reales y aquellos que son, simplemente, el producto de nuestra red neuronal por defecto.

Al abordar estas preocupaciones irracionales, podemos aprender a liberarnos de la esclavitud del miedo y vivir una vida más consciente y enriquecedora, conectándonos con el poder del presente y con la sabiduría que reside en nuestro ser interior.

Los pensamientos negativos son el nuevo depredador

¿Y si pierdo el trabajo,
y si me deja mi pareja,
y si no llego a pagar mis cuentas,
y si me va mal en el examen,
y si sale mal la cirugía,
y si no me valoran,
y si sale mal,
y si me equivoco, etc.?

¿Te suena? A mí muchísimo. Yo vivía en este estado de la mente. Me preocupaba por todo. Cuando jugaba al tenis, me preocupaba perder. Cuando estudiaba psicología, me preocupaba que me fuera mal. Cuando tuve pareja, me preocupaba que me dejara… Cuando fui mamá, me preocupaba que le pasara algo a mi hija. Y así es cómo vivimos en un eterno "¿Y si…?". Encontramos un "¿Y si…?" para cada situación, ya sea en el ámbito laboral, académico, vincular, salud… en el aspecto físico. Las preocupaciones del futuro nos invaden todo el tiempo de manera automática y repetitiva. Pero ¿sabías que un estudio de psicología asegura que el 91,4% de nuestras *preocupaciones no terminan sucediendo?* Esta investigación se realizó con personas que sufrían ansiedad generalizada[2]. Todas escribieron en un papel sus preocupaciones y, al cabo de un tiempo, volvieron a leerlas. Su sorpresa fue grande al notar que ninguna de esas preocupaciones terminó sucediendo realmente.

¿Entonces, por qué nos preocupamos?

La preocupación es una manera de sobrevivir a posibles peligros. Nuestro cerebro está diseñado especialmente para encontrar la manera más adecuada de sobrevivir ante riesgos potenciales y cree que, anticipando el peor escenario, va a lograr lidiar con este. Porque así era cómo lo hacíamos. Pero antes sí existía el depredador y si existía la posibilidad de no encontrar alimento en mucho tiempo. Por eso, la pregunta a hacernos ahora es la siguiente: ¿qué pasa cuando el peligro no está afuera, sino que es producto de nuestra propia mente?

Nos urge comprender que nuestro cerebro tiene dos características muy interesantes y particulares:

✓ Tiende a buscar señales de peligro de manera automática.

✓ No distingue la realidad de aquello que se imagina. Todo lo que pasa por nuestra mente es real para nuestro cerebro.

---

[2] Este estudio realizado en la Universidad Estatal de Pensilvania fue publicado en 2019, en la revista *Behavior Therapy*. Se investigaron las preocupaciones de personas con trastorno de ansiedad generalizada. Se pidió a 30 participantes que anotaran sus preocupaciones durante un mes. Al final del período, se descubrió que el 91,4% de las preocupaciones que habían anotado no se materializaron. Esto revela que una gran parte de nuestras preocupaciones son infundadas y no se convierten en realidad.

¿Te pasó alguna vez levantarte llorando o riendo mientras dormías? O quizás, con el solo hecho de imaginar el sabor de tu comida favorita, se te hizo agua la boca.

Nuestra mente es tan poderosa que puede crear una especie de realidad virtual basada en las imágenes que crean sus propios pensamientos. Es por eso que, cuando nos preocupamos demasiado por algo, empezamos a sentir angustia, pánico o ansiedad. Todo se siente tan real como si realmente estuviera sucediendo. El miedo a no aprobar ese examen, a fallar o equivocarse, a la soledad, a no poder pagar las cuentas, a que algún familiar querido sufra o se enferme… Todos estos temores son pensamientos sobre algo "malo" que puede llegar a pasar en el futuro y que son percibidos como peligrosos. *Todos estos son el nuevo depredador.* No está el león por comerte, pero sí está la idea de perder tu trabajo y no lograr pagar las cuentas, o que tu pareja te deje.

Recordemos que, en algún momento de nuestra historia como especie humana, era necesario anticipar el peor escenario y estar listos para sobrevivir a un depredador o a no tener alimento. Hoy este escenario cambió y estamos viviendo en la sociedad más segura de nuestra historia como humanidad. Tenemos casas, leyes, normas, ciencia, tecnología y una estructura social que nos protege. De todas formas, seguimos sintiendo miedo y ansiedad. ¿Por qué?

Básicamente, porque la parte más instintiva de nuestro cerebro no evolucionó de la misma forma en la que evolucionó la sociedad. Salimos de un ambiente salvaje, pero aún no pudimos sacar lo salvaje de nosotros. Nuestro instinto de supervivencia sigue tan activo como lo estaba hace millones de años. Por eso te preocupas; necesitas controlar, y elaboras miles de pensamientos negativos. Es tu mismo instinto de supervivencia, que *sobreactúa a los pensamientos desenfrenados de la mente de mono*. Pero ahora ya sabes que tu mente tiene esta tendencia a funcionar así cuando está en piloto automático. Esta información sumamente valiosa es el punto de partida para que empieces a observar la calidad de tus pensamientos y puedas distanciarte de toda esa película de terror. Este saber te da la inmensa oportunidad de ser consciente de cuál es el contenido de tu mente. En este preciso momento, empiezan tu despertar y un maravilloso viaje al autoconocimiento. Observa tu mente sin identificarte con los pensamientos para transformar, así, su contenido. Por ende, deja de reaccionar automáticamente al mundo interno mental y pasa a responder deliberadamente a lo que está sucediendo en el presente.

Por último, quiero dejarte un ejercicio muy simple, pero poderoso, para cuando las preocupaciones invaden tu mente:

EJERCICIO

Juguemos un poco con la palabra "preocupación". Para eso, vamos a dividirla en dos partes: "pre-ocupación".

> **Pre: antes.**
> **Ocupación: ocuparse.**

Es decir, la preocupación es un estado previo a ocuparse. Básicamente, la preocupación es, entonces, un *estado mental*.

Cuando tenemos preocupaciones que aún no resolvemos, nuestra mente se satura. Por eso, nos cuesta tanto dormir cuando tenemos muchas tareas pendientes. Al estar así, nuestro cerebro activará recordatorios constantes que nos alertan que ese tema está sin resolver, lo cual nos quita energía y toma por completo nuestra atención.

Este es un ejercicio que puedes hacer todas las noches antes de dormir o todas las mañanas antes de empezar el día siempre que alguna preocupación invada tu mente:

• Escribe qué es lo que te preocupa con lujo de detalles.

• Hazte esta pregunta: "¿Puedo ocuparme de esto en este momento?".

Si la respuesta es "No" porque quizás estás en medio de otra actividad, vas a agendar un día y una hora, y elegirás qué acciones son las que darán curso a solucionar ese tema. Deja ir las preocupaciones no urgentes: reconoce que no todas necesitan tu atención inmediata. A veces, es útil reconocer que algunas preocupaciones pueden esperar, o no son tan significativas como parecen. Una vez que hagas esto, tu mente va a quedarse mucho más tranquila y, entonces, vas a disfrutar de tu actividad en ese presente.

43

Si la repuesta es "Sí", te invito a que dejes de preocuparte y empieces a ocuparte. En este caso puedes hacerte la siguiente pregunta: "¿Qué pasos concretos puedo tomar aquí y ahora para abordar este tema?".

Capítulo 3

De la mente de mono a la mente presente

La única revolución verdadera ocurre cuando te das cuenta de que no necesitas estar en otro lugar, sino aquí.

(Jon Kabat-Zinn)

Es posible que, después de haber leído los dos primeros capítulos de este libro, te sientas un poco abrumado. Pero no te preocupes, porque aquí viene la mejor parte: no estamos condenados a ser pasajeros eternos del viaje de la mente. Podemos aprender a conducirla y a tomar el volante. No obstante, necesitamos entender algo esencial: nuestro cerebro no es nuestro enemigo. No hay nada malo en sentir miedo, preocupación, culpa, ansiedad, tristeza. Todas estas emociones están ahí por una razón; no es algo que debamos combatir, sino entender y guiar. Este órgano increíblemente sofisticado ha evolucionado y funcionado fehacientemente para mantenernos vivos. Pero, como te he contado, muchas de las estrategias de ahorro de energía que ha desarrollado pueden hacernos sentir atrapados en nuestros propios pensamientos. Por ende, la meta no es luchar contra nuestra mente, sino aprender a navegarla de manera más saludable.

La red orientada a la tarea

Hemos hablado bastante sobre cómo nuestra mente suele divagar, vivir en el pasado o anticipar el futuro, creando una especie de realidad virtual que puede distorsionar nuestra percepción del presente. Sin embargo, recordemos que nuestro cerebro tiene una contraparte de esta tendencia: la red orientada a la tarea, o Task-Positive Network (TPN). Esta es un conjunto de áreas cerebrales que se activan cuando estamos enfocados en una tarea en el presente. Estoy segura de que has tenido esta maravillosa experiencia, la cual puede darse mientras lees un libro, practicas un deporte, aprendes un nuevo instrumento, charlas con amigos, pasas tiempo con la familia, o cualquier otra actividad que requiere nuestra atención plena. Son esos momentos en los que nuestra mente y nuestro cuerpo se fusionan con la realidad externa… como si estuvieran bailando la misma canción.

Lo mágico de estos momentos sucede al enfocarnos en el ahora, experimentando directamente lo que estamos haciendo en lugar de divagar o de dejarnos llevar por nuestros pensamientos automáticos. Es aquí donde el *mindfulness* y la TPN se conectan. Al practicar *mindfulness,* estamos utilizando y fortaleciendo nuestra red orientada a la tarea, ya que nos enfocamos en el presente y en una tarea específica, ya sea respirar, comer, caminar o, simplemente, ser conscientes de nuestras sensaciones, pensamientos y emociones.

Sé el observador, y no lo observado

Hace mucho tiempo vivía sumergida en mis pensamientos. Ni siquiera me daba cuenta de lo que estaba pensando. Todo sucedía tan rápido y de manera tan automática que solamente reaccionaba a todas esas historias que me habitaban.

Solía sentir angustia muy seguido cuando algo no salía como esperaba. Entraba en un bombardeo de pensamientos que me hacían creer que tendría que haber hecho las cosas mejor. Repasaba por horas una y otra vez todos los pasos previos, y en qué creía haber fallado. En realidad, pensaba que lo que me generaba angustia era lo que pasaba, pero al tiempo descubrí que lo que me hacía sentir tan mal eran los pensamientos que surgían en mi mente cuando se daba esa situación. Al mismo tiempo observé que, si cambiaba la manera de pensar sobre esa experiencia, mi sentir se transformaba por completo.

El *mindfulness* me despertó de esa inercia. Me dio uno de los regalos más poderosos: conectarme con la parte que observa la mente y, así, ser consciente de mis pensamientos, y separar la realidad de lo que pienso sobre la realidad.

El hecho es que, cuando observamos la mente, descubrimos un mundo nuevo. Pero, principalmente, dejamos de reaccionar como autómatas a todas esas ideas que tenemos sobre la vida. Entonces, entendemos que las cosas que nos pasan no determinan cómo nos sentimos; lo que pensamos sobre lo que pasa es lo que le da la calidad a tu vida. Así empieza un mundo maravilloso de responsabilidad y libertad, cuando logras elegir qué tipo de historia contarte sobre lo que te pasa en la vida.

¿Qué significa observar nuestros pensamientos?

El primer gran paso para despertar de nuestra mente anestesiada es conectar con el observador, ese lugar que existe entre tú y el pensamiento.

Imagina que estás en un cine viendo una película. Los pensamientos y las emociones son como las imágenes en la pantalla: emotivas, de terror, de drama, de suspenso o incluso ficticias, pero no eres tú. Tú eres el espectador, sentado en la sala de cine, observando la historia. Tú existes independientemente de lo que se muestra en la pantalla. En otras palabras, no eres tus pensamientos ni tus emociones. Eres el espacio consciente en el que surgen y desaparecen.

Como vimos en los primeros capítulos, vivimos gran parte de nuestra vida sumergidos en nuestros pensamientos, aceptando todo lo que nos dicen como una verdad absoluta. Pero la realidad es que, aunque estos puedan parecer convincentes, son solo eso: pensamientos, un punto de vista. Por esta razón, aprendamos a dar un paso atrás y a observarlos, en lugar de aceptarlos y reaccionar a estos ciegamente. Al hacerlo, discerniremos con claridad cuáles son útiles y cuáles no, y así no nos dejaremos arrastrar por aquellos que nos lleven por caminos de sufrimiento innecesario.

> **Nuestros pensamientos son, literalmente, fuente de bienestar o de estrés. Estos les dan sentido y significado a nuestras experiencias.**

Ahora bien, si no vemos el mundo de una manera consciente, seguiremos repitiendo los mismos patrones de siempre sin parar y reaccionando como autómatas a su contenido, esperando que la vida cambie, para por fin sentirnos bien. Creemos que somos dueños de lo que pensamos pero, como ya sabemos, el pensar es un acto involuntario, repetitivo y automático. No elegimos qué pensar. Y, como dice Eckhart Tolle en su obra *El poder del ahora*, "creemos que pensamos pero, en realidad, estamos siendo pensados por nuestra mente". La consciencia plena nos despierta, nos da libertad y nos devuelve nuestra responsabilidad.

Mindfulness

Convertirse en observador de la propia mente es, de hecho, la base de una antigua práctica conocida como *mindfulness*, o *atención plena*: tomar consciencia de nuestro presente, de nuestras acciones y pensamientos sin emitir juicio alguno. No se trata de vaciar la mente, sino de aprender a relacionarnos de manera distinta con lo que ocurre en esta. Para que ello suceda, es necesario estar completamente presente, aquí y ahora, sin dejarse arrastrar por los juicios que hacemos acerca del pasado o del futuro. La práctica del *mindfulness* nos ayuda a reconectar con el momento actual y con todo lo que este trae consigo: pensamientos, emociones, sensaciones corporales y el ambiente que nos rodea. Al mismo tiempo es importante entender que la atención plena no es una cura mágica que eliminará todos nuestros problemas y dificultades. Pero sí es una herramienta poderosa que posibilita cambiar nuestra relación con nuestros pensamientos y emociones, lo cual nos permite manejar los retos y estrés de la vida de una forma más saludable.

Después de todo, como aprendí en mi propia experiencia, no podemos controlar todo lo que surge en nuestra mente, pero sí elegir cómo responder. Y ello puede hacer toda la diferencia.

Antes de empezar a practicar la técnica (que, por cierto es muy simple), quiero aclarar algunos temas en torno a esta práctica:

- No meditamos para apagar los pensamientos que etiquetamos como negativos ni las emociones incómodas de nuestra vida, así como tampoco escapar de estos. La meditación nos lleva a diferentes estados de calma y bienestar, justamente porque nos enseña a relacionarnos de una manera *muy distinta* con el dolor.

- La práctica de la meditación se basa en *aceptar las cosas tal cual son*, y no como *nos gustaría que sean*. Muchas veces tratamos de escapar del dolor y nos anestesiamos con diferentes "drogas", como la tecnología, la comida, una persona, etc. Ese escape es lo que perpetúa el dolor y termina creando sufrimiento. En la meditación nos encontramos cara a cara con el *descontento*; entramos en un proceso que, al principio, lejos de ser relajante, es *muy doloroso* porque, básicamente, despertamos de la ilusión en la que vivíamos por identificarnos tanto con nuestros pensamientos egoicos y limitantes, y empezamos a ver todos esos patrones mentales que estuvimos rechazando. Esa consciencia y esa aceptación son un paso absolutamente necesario para nuestra transformación.

- Cuando meditamos, cultivamos una mente flexible que puede desidentificarse de todos esos pensamientos que por repetición se transformaron en creencias. No somos lo que pensamos. Jamás podemos ser algo que cambia constantemente, y nuestros pensamientos cambian todo el tiempo, como las nubes en el cielo: el cielo nunca podría identificarse con una nube.

Repasemos también algunos mitos y errores relacionados con esta maravillosa práctica:

Meditar no es poner la mente en blanco
Meditar es volvernos conscientes. Convertirnos en testigos de su contenido. Meditar es un acto de absoluta presencia

y de amor con la realidad. No se trata de poner la mente en blanco, ni de luchar contra nuestra mente y sus pensamientos. Recuerdo un día en que me metí al agua helada con un amigo, quien decía: "Voy a usar *mindfulness* para no tener frío" y repetía: "No tengo frío, no tengo frío", a lo que le respondí que usar la consciencia plena es, en realidad, sentir el frío sin rechazarlo ni juzgarlo como algo malo.

Meditar es dejar de ser pensados de manera automática por nuestra mente, que etiqueta constantemente las experiencias externas como buenas o malas, y empezar, desde la observación y desde la consciencia, a sumergirnos en el aquí y ahora y/o a elegir en qué queremos pensar. Pasamos de ser esclavos de nuestra mente a usar todo el poder que tiene a nuestro servicio. Por lo tanto, la meditación no va a reducir la cantidad de pensamientos, sino que nos brindará una forma de llegar a conocer con profundidad su contenido y nos dará herramientas para relacionarnos de una manera menos reactiva y caótica. De hecho, dejar de pensar sería tan difícil como pedirle a nuestro corazón que por un momento deje de latir. Pensar es un acto automático y permanente. Es algo que sucede sin nuestro permiso. Y, justamente, de esa inercia es de la que tenemos que despertar a través de la meditación. Si pusiéramos la mente en blanco, nos estaríamos perdiendo del maravilloso camino del autoconocimiento. Los pensamientos van a suceder una y otra vez. Y eso está bien. Es normal. No quiero que sigas frustrándote porque no puedes dejar de hacerlo. Incluso muchas personas me dicen que, cuando comienzan a meditar, es cuando más pensamientos tienen. En realidad, lo que sucede es que ahora puedes ver con claridad cuáles son esos pensamientos que te acompañan día a día y que por diferentes distracciones (trabajo, tecnología, comida, alcohol, etc.) no podías observar.

Lo más cercano a tener la mente en blanco es ese momento en el que tu mente está conectada con tu cuerpo y en sintonía con lo que está pasando aquí y ahora. Es un encuentro de conexión divina.

No es un ejercicio de relajación

Otro mito en torno a la meditación es creer que se trata de un ejercicio de relajación. Si bien la práctica nos trae calma, crearemos una actitud más bien activa. Mientras meditamos, ejercitamos el músculo de la atención y reforzamos con cada práctica la capacidad de elegir a qué le queremos prestar nuestra atención. Para esto necesitamos estar muy despiertos. ¿Te imaginas ir al gimnasio a fortalecer tu cuerpo y dormirte mientras ejercitas bíceps? Mientras meditamos, estamos fortaleciendo la capacidad de salir de la cárcel de nuestra mente. Al principio, es probable que, cuando logres aquietar tu mente, caigas en un profundo sueño. No te juzgues por eso: es parte del camino.

No necesitas un lugar tranquilo para meditar

El *mindfulness* es un camino hacia la autoconsciencia y hacia la serenidad, que no requiere condiciones externas específicas para su práctica. A diferencia de lo que muchos podrían pensar, no es necesario contar con un espacio silencioso, convertirse en un buda o emprender un viaje espiritual a la India para beneficiarse de sus enseñanzas.

En lugar de buscar un refugio lejano o un silencio absoluto para encontrar la paz, esta práctica nos enseña a crear calma en el mismo lugar donde se desata la tempestad: en nuestras vidas diarias, con sus ruidos, sus desafíos y sus incesantes demandas. Nos ayuda a lidiar con serenidad en los momentos de caos. Por eso, las distracciones de los ruidos del ambiente pueden ser una oportunidad para practicar la capacidad de volver a la respiración. De hecho, su práctica se fortalece de los momentos de mayor agitación mental o de ruido externo. Poder llevar consciencia a una discusión, al caos del tráfico, a un ataque de pánico etc. Se trata de entrenar la habilidad de notar cuándo nos desconcentramos con nuestro propio ruido mental para, así, redirigir nuestro foco atencional a la respiración, que es nuestra ancla en el presente. De hecho, lo transformador de esta práctica sucede cuando podemos llevar presencia y calma a las agitaciones de nuestra mente.

En algún momento de nuestra vida, aprendimos que sentir nuestras emociones era peligroso, que debíamos evitar una serie de situaciones para que no se desencadenaran el dolor, el llanto, la tristeza, probablemente porque nuestros padres estaban atravesados por otro tipo de información o, directamente, no tenían el acceso a la que tenemos hoy nosotros. Entonces, no tenían registro de sus propias emociones, y mucho menos de cómo gestionarlas. ¡Imagínense! Si no podían con sus emociones, ¿cómo iban a ayudarnos con las nuestras? Entonces, utilizaban frases como "No llores".

El *mindfulness* es una habilidad que se entrena

Lo que logramos con la práctica sostenida de la meditación es incorporar una habilidad que se trata específicamente de poder notar nuestros pensamientos: tomar consciencia de estos, frenar el piloto automático de la mente y crear un espacio suficiente para poder relacionarnos con estos sin apegarnos ni identificarnos. Esta habilidad la cultivamos cada vez que hacemos el ejercicio de parar a observar nuestra mente. Nos detenemos, estamos presentes y tomamos consciencia de nuestra respiración. La posición de observador es cambiante, y esta sucede gracias a la consciencia de nuestra respiración pero, así como viene, se va. Es fugaz. Se esfuma cuando menos lo esperas y, de repente, estás ahí, otra vez en tu mente. Y de esto justamente se trata esta práctica: de notar una y otra vez cuándo se da a cabo la distracción y, así, recuperar la posición de testigo, de observador de tu mente. Sin embargo, no importa cuántas veces te distraigas. Por cada distracción, vas a recuperar el foco de atención y dirigirlo al presente. Aquí y ahora.

El *mindfulness* nos libera de los patrones mentales

Durante toda mi experiencia como terapeuta, pude notar que las personas sufrimos por lo que pensamos. Nuestros pensamientos son, literalmente, fuente de bienestar o de estrés. Son los que les dan sentido y significado a nuestras experiencias. Generalmente, nuestro sistema de creencias va quedando obsoleto. Lo que quizás en algún momento nos sirvió ya no nos sirve hoy. Y, si no ponemos consciencia a esa manera de ver el mundo, seguiremos repitiendo esos patrones sin parar.

Gracias al *mindfulness*, dejaremos de estar siendo pensados compulsiva y automáticamente por nuestra mente y elegiremos si le daremos lugar a ese pensamiento, o bien dirigir nuestra atención al aquí y ahora, a ese lugar mágico que tanto nos perdemos por vivir en nuestros pensamientos. Nuestra mente es una máquina de crear pensamientos hasta que somos conscientes. La consciencia plena nos despierta, nos quita la anestesia, nos da libertad y responsabilidad.

El *mindfulness* es un puente de conexión con el presente y de aceptación

Además de descubrir que tu mente viaja constantemente al pasado y al futuro, notarás que, en repetidas ocasiones, tus pensamientos se pelean con la realidad tal cual es y rechazan lo que está pasando. Estamos tan identificados con nuestras ideas que, cuando las cosas salen de distinta manera, creemos que están mal, que eso no debería estar pasando. La consciencia plena nos ayuda a salir del ego y a confiar en la vida.

El *mindfulness* es ciencia

Si bien el *mindfulness* está muy vinculado con prácticas ancestrales, hoy es una de las meditaciones con mayor cantidad de estudios y de evidencia científica. En el ámbito psicológico, se ha descubierto que ayuda a disminuir síntomas de ansiedad y depresión, y mejora la regulación emocional. Lo más notable es que estos estudios también han mostrado cambios en la estructura y función del cerebro tras periodos de práctica meditativa, lo que sugiere que sus beneficios no son solo temporales, sino que pueden inducir cambios duraderos en nuestra fisiología. Esta confluencia de evidencia científica convierte la meditación en una de las prácticas más validadas para mejorar el bienestar integral del ser humano.

Ahora que ya desmitificamos ciertas creencias, ¡practiquemos!

Comenzar con el *mindfulness* puede parecer desalentador al principio. La mayoría de nosotros estamos tan acostumbrados a estar atrapados en el torrente de nuestros pensamientos que la idea de sentarse en silencio con estos puede resultar inquietante. Pero te prometo que el viaje lo vale. Y, como cualquier habilidad, la atención plena puede aprenderse y cultivarse con el tiempo y con la práctica.

Arrancar el día con una breve sesión de meditación es una excelente manera de reducir el estrés, mejorar la concentración y enfrentar las responsabilidades con una mente calma y despejada. Meditar a la mañana es un gran momento para agradecer y notar que estás acá y estás vivo. Pero, si no logras hacerlo a la mañana, puedes hacerlo en otro momento del día. Ya sabes que no necesitas nada especial para meditar, sino solo una fuerte convicción que te motive todos los días a sostener el hábito.

La meta no es luchar contra nuestra mente, sino aprender a navegarla de manera más saludable

Pasos

- Selecciona un espacio para meditar; incluso puedes armar un lugar especial y decorarlo a tu medida con velas, imágenes, plantas. Las plantas siempre ayudan a establecer una conexión distinta gracias a sus colores y a sus beneficios para la salud.

- Si estás iniciándote en la meditación, te propongo empezar de a poco. Un minuto será suficiente. A medida que pase el tiempo y veas que estás listo, puedes ir sumando otro minuto, y así hasta llegar a diez.

- Usa un reloj para medir el tiempo de tu meditación, a fin de poder enfocarte en el ejercicio con absoluta libertad.

- Siéntate cómodo con tu espalda derecha y con tu cuerpo relajado. La posición es importante. La espalda derecha facilita la entrada de aire y oxígeno a tu cuerpo, y la comodidad es clave para poder sostener varios minutos de meditación, pero no te acuestes.

- Los ojos pueden permanecer cerrados, o abiertos, enfocados en un punto.

- Enfoca tu atención en tu respiración. Respira naturalmente a través de tu nariz; simplemente, respira consciente. Percibe cómo el aire entra y sale de tu cuerpo, la sensación del aire fresco en tus fosas nasales, el movimiento de tu pecho y de tu abdomen.

- Pronto te darás cuenta de que empezarás a pensar en tu día o en tus preocupaciones… es normal. Aquí es donde empiezas a practicar el ser observador. Notarás que tu mente comenzará a divagar, se distraerá con sonidos, sensaciones corporales o, lo más común, se sumergirá en pensamientos y reflexiones. Eso está perfectamente bien. No estás haciendo nada mal. Cuando te des cuenta de que tu mente ha divagado, anota mentalmente: "Este es un pensamiento" y vuelve suavemente tu atención a tu respiración.

Este ciclo se va a repetir una y otra vez. Es normal. La idea es que entrenes la capacidad de observar los pensamientos y, además, de dirigir tu atención a tu respiración. De hecho, cada distracción es una hermosa oportunidad para practicar la consciencia. Si te distraes mil veces, dirige tu foco atencional mil veces.

Lo más importante en la práctica del *mindfulness* es la actitud con la que lo hacemos. Mantén una actitud de curiosidad, paciencia y amabilidad hacia ti mismo. No se trata de "vaciar la mente" o de alcanzar algún estado especial. Se trata de estar presente con lo que está ocurriendo en este mismo momento, ya sea agradable o desagradable. Con la práctica, te darás cuenta de que puedes llevar esta atención al resto de tu día. Podrás estar más presente durante una conversación, disfrutar más de una comida o ser más consciente de las sensaciones mientras caminas. Y, poco a poco, te darás cuenta de cómo cambia tu relación con tus pensamientos.

Además, crearás una distancia entre tu ser y tus pensamientos. Esta distancia nos da la inmensa oportunidad de ser conscientes de cuál es el contenido de nuestra mente y entonces, en ese preciso momento, empieza nuestro despertar. Podemos observar nuestra mente sin identificarnos con los pensamientos. Recuerda que no todo lo que pensamos coincide con la realidad.

Capítulo 4

No vemos la realidad con los ojos: la vemos con la mente

No son los hechos los que perturban a las personas, sino sus juicios sobre los hechos.

(Epicteto)

Lo que creo del mundo es lo que creo en el mundo

¿Has jugado o visto alguna vez algún niño jugar con masa? Es un momento creativo, incluso mágico, en el que sus pequeñas manos o el uso de diferentes moldes dan forma a esa masa. De un momento a otro, esa bola de color se transforma en un corazón, una flor, un castillo, un dinosaurio o, simplemente, pasa de tomar una forma redonda a una forma cuadrada. Los límites están determinados por su imaginación o por los moldes que decida usar. Al igual que tus manos, tus creencias tienen ese mismo poder sobre la realidad externa. De acuerdo a las creencias que tengamos, le daremos forma a la manera de relacionarnos con lo que pasa.

Si nuestro molde es "El mundo es un lugar peligroso", entonces, esa masa de realidad tomará la forma de un mundo amenazante y hostil (aun no siéndolo). Si nuestro molde es "La vida es bella", esa misma masa se convertirá en una existencia llena de belleza y posibilidades. Básicamente, esto se debe a lo que vimos anteriormente: nuestras creencias moldean aquello a lo que le prestamos atención, y aquello a lo que le prestamos atención moldea nuestras creencias.

¿Notaste el círculo vicioso en el que vivimos? De este círculo vicioso es del que tenemos que despertar. Nuestros pensamientos son tan repetitivos y automáticos que se parecen a un laberinto sin salida. Siempre volvemos al mismo lugar. Si no cambiamos a través de la consciencia, la calidad de nuestra mente, nuestra vida seguirá siendo la misma. No importa que el escenario o los personajes cambien. Si el guion sigue siendo el mismo, la repetición será tu destino. Sea cual fuere la historia que elijo contarme, me ayudará a que mi foco atencional se dirija a todo aquello que confirme eso en lo que estoy creyendo. Recuerda que nuestra visión está limitada por el mecanismo del sesgo de confirmación.

¿Qué quiero decirte con esto? Entre tú y tu experiencia, hay un mar de pensamientos que le dan sentido a tu realidad, y son esas historias que te cuentas día a día las que moldean tu experiencia. No ves todo lo que hay a tu alrededor: *ves la proyección de tu mente*. Sin embargo, al igual que los niños con sus masas, tenemos la posibilidad de cambiar los moldes que usamos. Podemos cuestionar nuestras creencias, remodelarlas, elegir nuevos moldes que se alineen mejor con la realidad que deseamos experimentar. Pero primero debemos tomar consciencia de los moldes que estamos utilizando. Porque solo entonces podremos comenzar a modelar la realidad de una manera que nos sirva, en lugar de limitarnos.

> **Sanar significa dejar de experimentar la vida con los filtros de tu herida.**

Mi herida de abandono

Para que todo esto que te cuento resulte todavía más claro, voy a compartirte un poco de mí y cómo mi historia personal moldeaba mis relaciones. A mis dos años, mis papás se separaron por una infidelidad de mi papá. Mi mamá, embarazada, decidió irse a vivir a Uruguay, donde nació mi hermana. Imagínenme en ese momento, tan pequeña y sin entender nada por un mandato de la época en el que a los niños había que ocultarles todo para que no se sintieran mal. Unos años después, volvimos a Bolivia. Mi papá nos iba a visitar pero, según cuenta mi mamá, siempre llegaba tarde, o incluso a veces, a pesar de decirnos que iba a visitarnos, no llegaba. Ya se podrán imaginar cómo esta historia moldeó mis vínculos…

Una vez adulta y en pareja, elegía hombres infieles o temía la infidelidad incluso en los hombres más fieles que tuve como pareja. La distancia, esos espacios tan sanos que se tienen que dar (como, por ejemplo, que cada uno salga con amigos), la vivía con miedo; era para mí señal de desinterés y abandono. Una herida de abandono no se llena ni con todas las muestras de amor. No estás viendo la realidad: estás proyectando tu historia en la realidad.

Enviar un mensaje y no tener respuesta activaba en mí mucha ansiedad. Ese vacío que se generaba lo llenaba con todos mis miedos. Y no necesariamente porque algo malo estuviera pasando, sino por todo lo que yo me imaginaba que estaba pasando: "Seguro que está con otra", "No le intereso tanto", "Algo hice mal", "No soy suficiente". Y es justamente por esto que te digo que jamás el objetivo de la consciencia plena anulará tus pensamientos porque, al querer evitarlos o cambiarlos, nos perdemos la inmensa oportunidad de conocer qué tipo de observador de la vida estás siendo y, por lo tanto, darle lugar al cambio.

La vida como espejo: conócete a través de tu vida

Es fundamental que comprendamos y observemos nuestra vida como el reflejo de nuestras creencias. Esta es el reflejo de todo aquello que creemos posible. Empezar a tener esta mirada puede resultar al principio muy chocante y doloroso. Pero es el primer paso para generar un cambio y hacernos responsables de nuestro mundo interno.

> **No vemos la vida como es:
> vemos la vida como somos o, más bien,
> vemos la vida como pensamos que es.**

Esto es muy fácil de ver cuando las cosas salen bien o nos gustan pero, cuando no ocurre esto, preferimos culpar a otras personas o circunstancias externas, y entonces perdemos todo nuestro poder y responsabilidad.

La realidad tiene el potencial de ser interpretada de infinitas maneras según la persona que la experimente. Incluso, una misma situación puede ser experimentada de diferentes formas por la misma persona en distintos momentos de su vida. Es que, de la realidad externa, lo único que recibimos es información objetiva. Una vez que nuestros sentidos reciben la información del mundo externo, nuestros *patrones mentales*, que suceden en piloto automático y se repiten sin cesar, le dan un significado a la realidad. El sentido que le demos a lo que estamos viviendo *determina la calidad de nuestra experiencia* y habla de nosotros, y no de la experiencia. En definitiva, el mundo externo no tiene ni estrés, ni ansiedad, ni tristeza, ni sufrimiento.

La crisis con mi pareja puede ser una gran oportunidad para nuestro crecimiento, o puede ser el inicio del fin de la relación. Son nuestros pensamientos los que le dan ese significado. Todo el tiempo proyectamos. Sí, todo el tiempo. Aunque nos cueste creerlo. Porque a veces consideramos que hay situaciones injustas que no deberían ser como son, estamos proyectando y rechazando la vida tal cual se presenta. Aquí entra en juego nuestro maravilloso y a veces complicado mundo interno. La que yo elija habla de mi mente, de mi historia, de mis patrones. Ser consciente de nuestro diálogo interno y transformar la calidad de nuestros pensamientos puede, literalmente, transformar nuestra calidad de vida.

La mente va a crear resistencias cuando las cosas no salen como esperaba; aparecerán la queja, las expectativas, el enojo, el control: todos estos mecanismos a los que debemos estar muy atentos cada vez que aparecen y quieran acaparar toda nuestra energía y atención. Al ego le encanta sentir que tiene el control, que puede anticiparse para no equivocarse. Pero, detrás de este, hay mucho miedo a conectarse profundamente con sentimientos como la vulnerabilidad.

Aferrarte a tus ideas siempre limita las posibilidades y te expone a un lugar de necesitar controlar absolutamente todo. De hecho, creerle tanto a tu mente te lleva a crear mecanismos de defensa como el apego y el control. Necesitamos que la realidad sea como a nosotros nos gustaría que sea. No nos damos cuenta de que, así, lo único que hacemos es limitarnos y vivir en una ilusión que nos hace creer que tenemos el control de todo. Porque las cosas no siempre van a salir como esperabas, y es algo que tienes que aprender a soltar, justamente porque estamos atravesados por la impermanencia. Todo en esta vida cambia. Pasamos por micropérdidas y por microduelos constantemente. Apegarse a ideales es vivir en una *idea*. Por eso se llaman "ideales": porque son las ideas que creaste acerca de lo que crees que es mejor para ti. Te aferras a esas ideas, las defiendes a toda costa y rechazas aquellas que sean diferentes a lo que esperabas. Lo haces porque, de alguna manera, hablan de lo conocido. Todo esto nos lleva a cuestionar lo siguiente: ¿estamos reaccionando a la realidad tal como es, o estamos reaccionando a nuestras interpretaciones de esa realidad? Al cuestionar nuestras interpretaciones y al recordar que tenemos el poder de elegir cómo responder, nos abrimos a nuevas formas de vivir y experimentar nuestra vida más libres y más conscientes.

El *ego*

Al hablar de ego, no me refiero a una persona egocéntrica o narcisista. No: el ego al que me refiero es algo mucho más sutil. Es una estructura mental que todos nosotros, sin excepción, hemos construido en nuestro interior. Es la imagen de nosotros mismos y de la realidad que hemos forjado a través de nuestras experiencias y pensamientos. Es el resultado de todos los mecanismos que vimos en los primeros capítulos.

El ego se crea a partir del apego y de la identificación con nuestros pensamientos. Es el deseo consciente, o inconsciente, de que las cosas permanezcan estáticas como las conoce para satisfacer sus expectativas y su comodidad. El ego deforma la realidad; nos hace caer en la ilusión de que tenemos la razón y de que nuestra manera de ver las cosas es la única verdad. Sin importar el precio que tenga que pagar o las relaciones que pueda destruir, con tal de no cuestionarse a sí mismo, el ego prefiere luchar contra cualquier persona o circunstancia que lo confronte.

Por eso es que suele crear tanta resistencia cuando las cosas no salen como esperaba y se nutre de la queja, las expectativas, el enojo, el control. Son mecanismos a los que tenemos que estar muy atentos cada vez que aparecen y quieren acaparar toda nuestra energía y atención. Al ego le encanta sentir que tiene el control, que sabe perfectamente lo que está pasando y que puede anticiparse para no equivocarse. Pero, detrás de este, hay mucho miedo a la conexión profunda con sentimientos como la vulnerabilidad, como te comenté anteriormente. No obstante, es importante aclarar que el ego no es intrínsecamente malo. De hecho, nos ayuda a navegar por el mundo y a interactuar con los demás. Sin embargo, cuando nos identificamos demasiado con este, perdemos la capacidad de ver las cosas tal como son. Nos convertimos en prisioneros de nuestros propios pensamientos y emociones, reaccionando automáticamente a la vida en lugar de responder a esta de manera consciente.

¿Qué historia me estoy contando sobre lo que está pasando?

Pasemos ahora a descubrir todas esas historias y a hacerlas conscientes. Te propongo entonces, por un lado, escribir una situación externa de la manera más objetiva posible. Por ejemplo: "Me estoy separando de mi pareja".

Y, por otro lado, todas las historias que te estás contando sobre esta situación.

Ahora que los pensamientos no pasarán desapercibidos, es hora de ir un paso más. Observar es el inicio de un trabajo de desarrollo personal. Es el despertar de la consciencia, pero no es suficiente. Si observo y aún sigo creyendo que todo lo que pienso es verdad, nada va a cambiar. Y eso lo lograremos a través de la desidentificación con la mente, de cuestionar todo lo que pensamos.

La desidentificación no significa negar o ignorar nuestros pensamientos, sino al contrario: significa observarlos, reconocerlos y luego cuestionarlos. Esto requiere práctica y una dosis saludable de escepticismo amistoso respecto de nuestras propias narrativas mentales.

Comenzaremos explorando lo que significa realmente "desidentificarse" de nuestros pensamientos. Este es un concepto fundamental en muchas tradiciones de autoayuda y espirituales y, aunque puede sonar un poco abstracto, en realidad, es bastante sencillo. Básicamente, significa que nos damos cuenta de que nuestros pensamientos y emociones son experiencias que ocurren dentro de nosotros, pero no determinan nuestra esencia ni pueden representar por completo la realidad.

Esta es una idea poderosa, pero ¿cómo la ponemos en práctica? Aquí entra el cuestionamiento.

Los estoicos nos instan a cuestionar nuestros juicios sobre los hechos, a reconocer que nuestras perturbaciones emocionales a menudo vienen de cómo interpretamos las situaciones, y no de las situaciones en sí. En la práctica, esto significa que, cada vez que nos encontramos atrapados en un pensamiento o en un sentimiento, en lugar de asumir que es verdad, podemos preguntarnos: "¿Es esto cierto? ¿Cómo lo sé? ¿Hay otras formas de ver esto?". Y podemos hacerlo con una actitud de curiosidad abierta, sin aferrarnos a ninguna respuesta en particular. A medida que practicamos esto, comenzaremos a notar algo asombroso: muchos de nuestros pensamientos y creencias más firmes no resisten un examen cuidadoso. Notaremos que, en gran medida, son construcciones mentales, y no hechos objetivos sobre el mundo. Al reconocer esto, podemos comenzar a liberarnos de su agarre.

Cuestiona tu mente: una pregunta que abre abundancia de posibilidades

¿Esto que estoy sintiendo tiene que ver con lo que está pasando, o con lo que estoy pensando que está pasando?

Esta pregunta generó un impacto profundo en mi vida, un interrogante que me hago cuando siento angustia, tristeza, ansiedad, y que me ayuda muchísimo a navegar esos sentimientos para cuestionar mi mente, desapegarme, ampliar mi punto de vista, recuperar mi responsabilidad, ser dueña de mi atención y empezar un poderoso camino de autoconocimiento. Es que jamás se me hubiera ocurrido que mi manera de pensar sobre algo o sobre alguien tenía tal importancia que podía definir mi bienestar interno. Estaba segura de que mi felicidad dependía de lo que pasaba, y no de la historia que tenía sobre lo que estaba pasando. Si me iba bien en el trabajo, si mi relación de pareja funcionaba, si crecía económicamente, si las cosas pasaban según lo que yo esperaba, entonces, era feliz. Por el contrario, si atravesaba un conflicto laboral, una crisis sentimental o una dificultad económica, o si algo cambiaba inesperadamente, la tristeza y la ansiedad se apoderaban de mí. Pero, gracias a haberme hecho este cuestionamiento, comprendí que no era el tráfico lo que me estresaba, sino lo que estaba pasando dentro de mí... esa voz que repetía una y otra vez la misma historia: "¿Por qué no salí antes? ¡Siempre lo dejo todo para último momento!". De hecho, puedo recordar perfectamente el momento en el que estaba separándome del papá de mi hija y esa voz en mi cabeza me decía: "Todo va a ser más difícil ahora que te separaste", "Kala va a tener una herida emocional", "¿Y si él deja de verla?", "¿Cómo voy a poder con todo yo sola?", "Es muy difícil conocer a alguien nuevo siendo mamá". Además, hubo momentos en los que me encontraba rumiando acerca del pasado, preguntándome si podría haber hecho algo diferente para evitar la separación: "Si hubiera sido más atenta, más comprensiva, ¿podríamos haber evitado esto?". La separación en sí me dolía, pero todos esos pensamientos me llenaban de sufrimiento.

A medida que comencé a darme cuenta, pude empezar a desapegarme de esos pensamientos y verlos por lo que realmente eran: solo pensamientos. Y, al hacerlo, pude liberar una gran cantidad de sufrimiento y abrirme a la posibilidad de manejar la situación de una manera mucho más tranquila y expansiva para mi vida.

Aprendí que no era tanto lo que sucedía afuera, sino cómo yo procesaba y reaccionaba a eso lo que realmente influía en mi bienestar. Separar los hechos y las personas de las interpretaciones que hacemos es un paso fundamental para sentir la calma que tanto buscamos. Generalmente, gastamos mucha energía tratando de cambiar la realidad, a nuestros padres, a nuestra pareja… ¡a la vida!

Y no nos culpemos; con todas las características de funcionamiento que tiene nuestra mente y sin toda esta información que te comparto en el libro, se hace muy difícil no caer en la ilusión de culpar a otros por cómo nos sentimos y seguir alimentando nuestro ego.

Sanar significa dejar de experimentar la vida con los filtros de tu herida

En lugar de enojarte y de culpar a las personas por cómo te sientes, vas a entender las circunstancias como un factor desencadenante que activa algo que *ya habita en ti*. Nada puede hacerte sentir algo que no tienes dentro de tu corazón, de tu mente, de tu historia. La vida te muestra lo que te resulta incómodo ver en ti. Por eso, me interesa que empieces a notar que hay ideas que tienes sobre cómo son las cosas que están tan arraigadas en tu mente que te cuesta muchísimo cuestionar y que terminan transformándose en tu identidad. Que suceden de manera tan automática que no te dan tiempo a elegir cómo quieres transitar ese momento.

De víctimas a responsables

Al distinguir entre el evento y su interpretación, puedo tomar acciones sobre lo que está bajo mi control. No siempre puedo controlar lo que sucede pero, definitivamente, tengo la capacidad de controlar cómo reacciono a ello. Y no solo me ayuda a cambiar mi punto de vista, sino que también me invita a recuperar mucho poder: en lugar de culpar a otros y querer que todo sea diferente, me concentro en lo que puedo controlar, y entiendo que el bienestar de mi mundo interno es mi responsabilidad.

Ahora que sabemos que nuestra mente repite patrones de manera automática con una gran tendencia a la negatividad y a la insatisfacción, quizás hasta hoy, nunca te hayas dado cuenta de que la mayor parte del tiempo vives quejándote, pensando en qué podrías haber hecho mejor o preocupándote por el futuro.

Nos enseñaron a depender del mundo externo para estar bien, pero nadie nos dio herramientas para elegir cómo responder a la realidad. Nos llenaron de mensajes de control y de necesidad. Es por esto que nos apegamos y nos aferramos a que todo en nuestra vida permanezca como lo conocemos. Sin embargo, mientras más nos autoconocemos, más poder recuperamos sobre estas cosas.

No somos nuestra mente: tenemos una mente.

Pero, como vimos en el primer capítulo, repetimos de manera compulsiva nuestros pensamientos hasta que se transforman en patrones. De hecho, el sesgo de confirmación nos lleva a creer ciegamente en lo que pensamos; esto es parte de nuestra condición humana. La persona con la que más hablamos en nuestras vidas es con nosotros mismos. Todo el tiempo estamos pensando, y la calidad de esos pensamientos va a definir la calidad de nuestras experiencias.

Eres tú, con tu forma de hablarte cuando te caes, el que determina si te has caído en un bache o en una tumba.

(William James)

EJERCICIOS

Practiquemos…

"Cuestiona tu mente, abriendo el portal a la abundancia de posibilidades".

En cada una de nuestras vivencias, podemos encontrar tres energías que están sucediendo.

• La experiencia.
• La consciencia sobre la experiencia.
• La historia que nos contamos sobre la experiencia.

☑ **Encuentra un lugar tranquilo:** Busca un espacio donde puedas sentarte cómodamente y donde estés libre de interrupciones durante al menos diez minutos.

☑ **Centra tu atención:** Cierra los ojos y toma tres respiraciones profundas, inhalando por la nariz y exhalando por la boca. Siente cómo cada exhalación te relaja un poco más.

☑ **Reflexiona sobre un evento reciente:** Piensa en un evento o situación reciente en el que hayas sentido angustia, miedo, ansiedad. Escríbelo de la manera más objetiva que puedas. Por ejemplo: "Envié un mensaje, y no me contestan".

⊘ **Conecta con la consciencia:** La consciencia es esa parte que observa. Es como el testigo. La consciencia del miedo no es miedo.

⊘ **¿Cuál es la historia que me estoy contando sobre lo que estoy experimentando?**

Entre la consciencia y la experiencia, siempre hay una historia que nos contamos sobre lo que está pasando. Generalmente, la historia habla más de nosotros que de la experiencia. Por ejemplo: "No me contestan el mensaje". La historia es "No me quieren; seguro que hice algo mal… no valgo".

Identifica los pensamientos o historias que tu mente creó alrededor del evento. ¿Qué te estás diciendo a ti mismo sobre lo que sucedió? ¿Hay juicios, suposiciones o predicciones en esos pensamientos?

Generalmente, vivimos en la historia sobre la experiencia, y no en la experiencia.

⊘ **Hazte la pregunta clave:** ¿Esto que estoy sintiendo tiene que ver con lo que está pasando o con lo que estoy pensando que está pasando? ¿Es verdad lo que estoy pensando?, ¿tengo certeza absoluta?

⊘ **Contrasta y compara**: Observa las diferencias entre los hechos objetivos y tus pensamientos subjetivos. ¿Cómo influyen tus pensamientos en tus emociones y en tus reacciones?

⊘ **Reformula tus pensamientos:** Intenta cambiar tus pensamientos subjetivos por otros más positivos o, simplemente, procura vivir el momento desde tus sentidos. ¿Cómo te sientes al adoptar esta nueva perspectiva?

⊘ **Diario de reflexiones:** Es recomendable llevar un diario donde puedas anotar las situaciones que te generan malestar, y realizar este ejercicio. Con el tiempo, te será más fácil identificar patrones de pensamiento y trabajar en transformarlos.

Es natural que nuestra mente cree historias basadas en nuestras experiencias pasadas, miedos y deseos. Sin embargo, al cuestionar activamente estos pensamientos y diferenciarlos de la realidad, podemos abrirnos a una abundancia de posibilidades y reacciones más adaptativas. Con la práctica, este ejercicio puede convertirse en una herramienta valiosa para tu autoconocimiento y para tu gestión emocional.

Capítulo 5

Acepta que nunca tuviste control de todo (ni lo tendrás)

La felicidad y la libertad comienzan con la clara comprensión de un principio: algunas cosas están bajo nuestro control y otras no. Solo tras haber hecho frente a esta regla fundamental y haber aprendido a distinguir entre lo que podemos controlar y lo que no, serán posibles la tranquilidad interior y la eficacia exterior.

(Epicteto)

Hace un tiempo que a mi hija Kala le encanta *Harry Potter*. El compartir el momento de lectura hizo que sumara otra fan. Había visto alguna película antes, pero el libro me generó sensaciones increíbles que las películas no lograron. Supongo que tendrá que ver con la magia que tiene la lectura. Leer un libro es entrar en tu propia película. La imaginación crece y juega. Cada palabra se transforma en una imagen, y las escenas se viven con lujo de detalle. El tiempo toma otra dimensión; todo va más lento, el suspenso crece.

El primer libro lo leímos en el verano (casi que lo devoramos). Lo que hicimos fue leer y después ver la película y, así, mantener esta magia de la lectura. Pero con el segundo, el de la cámara secreta, lo empezamos al inicio de las clases, y todo se hizo más largo. Un día, Kalita decidió ver la película con su papá antes de terminar de leer el libro. Entonces, había imágenes que ya tenía sobre ciertas escenas.

Una noche, antes de ir a dormir, me dijo: "Hoy prefiero no leer *Harry Potter* porque se está acercando el momento en el que sale el monstruo de la cámara secreta. Voy a tener pesadillas, y no quiero. Mejor leámoslo mañana durante el día". Al escucharla, mi primer pensamiento interno fue: "Okey, tiene sentido. Mejor evitar ese momento feo e incómodo de tener pesadillas, y se lo leo después". Pero, acto seguido, una frase invadió mi mente: "No le tengas miedo a la vida". Entendí que lo que estaba hablando era la mente de Kala, tratando de protegerla de un peligro irreal. Entonces, en lugar de no leer el libro para evitar la pesadilla, le planteé a Kalita:

—Si yo leo el libro, tenemos dos escenarios: el primero es que, evidentemente, tengas pesadillas, y el segundo es que no las tengas. Imaginemos que tienes pesadillas, ¿qué puedes hacer?

—Puedo levantarme, tomar agua y buscarte para darte un abrazo.

—Sí, y recordar que solo fue una pesadilla que ya pasó y puedes volver a dormir. —Me miró sonriendo—. Y el segundo es que ni siquiera las tengas.

Hay un tercer escenario que no le mencioné porque no se me ocurrió en ese momento, pero luego me bajó la información mientras escribía para ti. El tercero es que incluso, no leyendo el libro, de todos modos, podía tener pesadillas.

Entonces, ¿podemos evitar las pesadillas? ¿Es algo que realmente queremos en nuestra vida: dejar de hacer ciertas cosas con las que resonamos para evitar otras?

En ese momento pensé que el "No quiero leer Harry Potter para no tener pesadillas" podía ser el "No quiero emprender para no tener inestabilidad económica" de un adulto. O el pensar: "Es mejor no separarme porque soy grande y me voy a quedar sola", "No quiero cambiar de trabajo porque tal vez no me adapte al nuevo ambiente", "No quiero mostrar mi proyecto porque tal vez no sea lo suficientemente bueno", "No quiero dar una conferencia por temor a olvidar mis palabras", "No quiero postularme para un ascenso porque hay otros con más experiencia", "No quiero pedir ese aumento; quizás no me lo merezco", "No voy a hablarle a la persona que me gusta; me muero si me rechaza".

Hay un sinfín de escenarios en los que dejamos de hacer una cosa que queremos para evitar vivir determinada experiencia, y así escapar del dolor, incomodidad, miedo. Todo por una falsa ilusión de que podemos (y debemos) controlar los resultados futuros.

En ese momento, las pesadillas no existían. No estaba pasando. Solo existía la idea de estas. Finalmente, Kalita me pidió que le leyera el libro, y no solo no tuvo pesadillas, sino que se llevó un enorme aprendizaje: al intentar controlar la vida, terminamos alejándonos de lo que realmente queremos y necesitamos, y nos olvidamos de que siempre podemos volver a nosotros para capitalizar todo lo vivido.

En el mundo del deporte, también podemos encontrar casos muy claros de cómo el resultado no está en nuestras manos, sin importar cuánto esfuerzo y dedicación pongamos. Tomemos, por ejemplo, la victoria de Argentina en la Copa del Mundo. Después de haber ganado, Messi dedicó el triunfo a sus compañeros actuales, pero también a los pasados, reconociendo que siempre se habían esforzado al máximo, pero el resultado de ganar dependía de muchas cosas fuera de su control.

Esta situación puede compararse con cualquier área de nuestras vidas donde, a pesar de nuestra dedicación, trabajo duro y deseo de éxito, no siempre podemos controlar el resultado final. En el caso de Argentina, habían enfrentado derrotas dolorosas en competiciones anteriores, a pesar de jugar excepcionalmente bien. La victoria final no fue solo el resultado de su habilidad y esfuerzo, sino también de factores imprevistos, tácticas del entrenador, decisiones arbitrales y la dinámica del juego mismo.

Así como Messi aceptó que no podía controlar el resultado de cada juego, podemos aprender a aceptar que no siempre los resultados de nuestras vidas dependen de nosotros. Lo que sí podemos es revisar nuestro esfuerzo, actitud, y cómo respondemos a las circunstancias, ya sean favorables o no. En lugar de enfocarnos en lo que está fuera de nuestro alcance, concentrémonos en hacer nuestro mejor esfuerzo y disfrutemos del proceso, confiando en que, a veces, los factores fuera de nuestro control también pueden trabajar a nuestro favor. De hecho, las cosas más hermosas que me pasaron en la vida sucedieron cuando me animé a no querer saber ni dominar el resultado, básicamente cuando viví la vida en lugar de pensarla, cuando abrí mi corazón a la incertidumbre y dejé de apegarme a ideales de mi mente. Las sorpresas más hermosas llegan cuando conectamos con algo mucho más grande que nuestros pensamientos sobre lo que creemos que es mejor para nosotros. Cuando experimentamos la vida en lugar de pensarla.

¿Por qué queremos controlar todo?

A nivel evolutivo, el deseo de controlar el entorno y a otros miembros de la especie puede haber surgido como una estrategia para aumentar las probabilidades de supervivencia y de reproducción. Como vimos en capítulos anteriores, querer saber y anticiparse a lo que va a pasar es necesario.

Miedo e inseguridad

Detrás de esta necesidad de control hay miedo, miedo a sentir dolor, a equivocarnos, al abandono, al qué dirán, a que las cosas no sean como esperamos, a no estar a la altura de las situaciones, a perder a una persona, a perder un trabajo, a que la tristeza dure para siempre. Incluso a perder nuestra identidad. Pero, sobre todo, tenemos miedo a lo que podría pasar. Recordemos que nuestro cerebro tiene el objetivo de protegernos; por lo tanto, automáticamente va a imaginar el peor escenario, para que estemos preparados para todo.

Expectativas del mundo externo

Una persona que necesita controlar todo, de alguna manera entendió que su felicidad depende de factores externos a sí misma. Creó ideales sobre cómo debería ser la vida para sentirse bien, y a su vez tiene dificultad de enfrentarse a cambios repentinos que vayan en contra de esos ideales. Por ejemplo, puede tener un apego muy fuerte a ideales sobre la crianza de sus hijos: cómo deberían ser la alimentación, el descanso, educación, etc. En mi caso, tuve que aprender a flexibilizar la idea que tenía sobre su alimentación. Estaba tratando de controlar demasiado, incluso en los momentos en los que mi hija pasaba tiempo con su tía, con sus abuelos, en los cumpleaños, etc. Si bien sigo sosteniendo que una alimentación sana es fundamental para el desarrollo, la flexibilidad también lo es.

También me pasó con la idea de familia. Pensaba que solo podía ser feliz si lograba concretar la familia que tenía en mi mente. De algún modo, cuando nos aferramos a esos "ideales", es como si firmáramos un contrato con la vida, en el que nos comprometemos a no ser felices hasta que logremos eso que buscamos, o ser infelices si lo perdemos. Por eso controlamos nuestros vínculos, queremos que nuestros padres sean perfectos, que nuestra pareja esté para siempre, que nada cambie. Queremos gustarle a todo el mundo y evitar que las cosas sean diferentes a cómo nuestra mente cree que serían mejores.

El apego a las cosas materiales, como dinero o posesiones, nos lleva a la codicia y a la insatisfacción, ya que siempre habrá algo más que desear. El apego a las personas o a las relaciones puede llevar a la dependencia emocional y al miedo a la pérdida. El apego a ideas o a las creencias puede cerrar la mente y hacer que uno sea rígido y dogmático. El exceso de control y apego a nuestras expectativas está directamente vinculado con la frustración y con el sufrimiento. Vivirás cada adversidad como un fracaso, una razón por la cual sentir dolor. Te volverás preso de tus ideas.

El apego nos atrapa en ciclos de deseo y de aversión, lo que nos lleva a experimentar ansiedad, frustración y dolor. Todas las ideas rígidas que tengas sobre la vida te quitan disfrute. El exceso de control te desconecta de la vida.

¿Está bajo mi control?

Otro punto sobre el cual nos enseñaron los estoicos, como Epicteto, es que nuestra felicidad y nuestra tranquilidad dependen de nuestra capacidad para distinguir entre dos categorías y actuar en coherencia con eso: aquello que está bajo mi control y aquello que no lo está. Cierta cantidad de control sobre lo que pasa en nuestra vida es normal y necesario. Por ejemplo, tener control sobre nuestros proyectos, nuestra agenda, la elección de una carrera, la búsqueda de un trabajo, los hábitos de cada día, las actividades de un fin de semana, la organización de unas vacaciones. Más que de control, en estos casos estamos hablando de una planificación consciente y flexible. Aunque podamos idearlo cuidadosamente y comprometernos con nuestras metas, siempre debemos reconocer que incluso lo más meticulosamente planificado puede cambiar. La habilidad para adaptarnos y aceptar esos cambios en lugar de resistirnos rígidamente a estos es una parte esencial de una relación sana con el control. El problema surge cuando esta necesidad de control se extiende a áreas de nuestras vidas donde la vigía es ilusoria o imposible: el cambiante mundo externo. Intentar dominar las emociones de otras personas, los resultados inesperados de una situación, o el flujo impredecible de la vida nos pueden llevar a un estado constante de frustración y de ansiedad.

La incertidumbre

En enero de 2020, mi hermana había decidido irse a vivir por unos meses a Chicago para hacer un máster. Lo tenía planeado para finales de marzo de ese mismo año. Estoy segura de que muchas personas que están leyendo este libro saben muy bien hacia dónde va esta historia. Es altamente probable que a ti también se te hayan caído la mayoría, si no todos, de los planes que tenías para el 2020.

Recuerdo perfectamente el día en el que la vida del mundo entero cambió de un momento para el otro. En casa, estábamos por seguir la rutina nocturna de todos los días: baño, cena, leer un cuento y después ir a dormir. Al revisar mi celular me encontré con una tonelada de mensajes en wasap, todos giraban en torno a esa cuarentena que, en principio, duraría quince días. Los planes se iban desmoronando. Viajes (como el de mi hermana) cancelados, reuniones postergadas, miles de niños y adolescentes en sus casas, etc.

Hay momentos (como la pandemia) en que la incertidumbre se vuelve mucho más evidente, pero la realidad es que nunca tenemos certeza de nada. Por más planes ultraconfirmados que tengas, no hay nada que pueda asegurar que sucedan. Son muchísimos los factores que entran en juego a la hora de que algo se concrete. De hecho, cuando las cosas se dan como las planeo, considero eso más un milagro que un deber. Eso me ayuda a estar conectada con la maravilla de la vida.

El futuro es un espacio de absoluto misterio. Nunca sabemos con exactitud qué es lo que puede pasar. En general, estamos dormidos en la ilusión de control. Por más que creamos que podemos controlar los resultados y el devenir, todo está atravesado por la impermanencia y por la incertidumbre. Ninguna cantidad de resistencia va a evitar que sean las cosas que están destinadas a ser. Ninguna cantidad de control puede detener el curso natural de las cosas. Es como si quisieras evitar que llegue el verano, que termine el día, que quieras ejercer control sobre la frecuencia de las olas del mar. Todo en esta vida tiene un orden perfecto y una profunda razón de ser. Y no te digo que con esto crea que absolutamente todo esté librado al azar, sino que estemos atentos a los momentos en los que necesitamos intervenir en aquellos aspectos de la vida que están absolutamente fuera de nuestro control y, por lo tanto, perdemos la posibilidad de controlar aquello que sí está en nuestras manos.

La clave aquí es la diferenciación entre lo que podemos controlar y lo que no podemos controlar. Aceptar que hay cosas en las que podemos influir y otras en las que no. Esto no significa una actitud pasiva o resignada, sino una comprensión más profunda de dónde canalizar nuestra energía y atención. En el camino hacia la presencia, la serenidad y el bienestar, es fundamental aprender a soltar el control en las áreas donde no es posible ni saludable tenerlo. Esto implica una apertura hacia la incertidumbre y una voluntad de navegar por la vida con una mayor consciencia y compasión por nosotros mismos y por los demás.

Paradójicamente, todas las estrategias que utilizamos para evitar sentir dolor son las que más nos conectan con el sufrimiento. Son creencias que están tan instaladas en nuestra mente que pasan completamente desapercibidas, pero que tienen un efecto psicológico, emocional, e incluso físico, gigante. Y, en realidad, no tenemos ninguna certeza de que las cosas se van a dar de esa manera, y menos de cómo nos sentiremos una vez que se den. No tenemos la capacidad de ver el futuro, básicamente porque existen diferentes variables que están completamente fuera de nuestra percepción y, por tanto, de nuestro control (por ejemplo, una pandemia). Entonces, piensa en la cantidad de energía que perdemos cuando nuestra atención está puesta en las estrategias de control.

La pregunta que podemos hacernos cuando caemos en esta tendencia, es "¿Qué estoy tratando de evitar a través del control?", ¿"De qué está dependiendo mi felicidad"? Y la más importante: "¿Qué sí depende de mí en esta situación?".

Y en esa pregunta descubriremos que deseamos controlar porque creemos que hay algo malo que debemos evitar y algo bueno que debemos lograr.

Lo que sí puedo controlar

> **Al hombre se le puede arrebatar todo, salvo una cosa: la última de las libertades humanas —la elección de la actitud personal ante un conjunto de circunstancias— para decidir su propio camino.**
>
> (Viktor Frankl)

La buena noticia es que, si bien no tenemos el control de la realidad externa, sí tenemos la libertad de elegir cómo responder a lo que sucede. Esta es una habilidad (te diría que es un superpoder); que por querer controlar todo, la olvidamos y no la utilizamos. Es importante distinguir muy bien aquello que sí puedo controlar de lo que está fuera de mi control.

Por ejemplo, no puedo controlar el tráfico, pero sí puedo controlar la actitud que voy a tomar ante esa situación.

La calidad
de nuestros
pensamientos
va a definir
la calidad
de nuestras
experiencias

En Argentina, muchas personas pasan horas hablando sobre la política, la inflación, el dólar. Cada país tiene sus temas de sobremesa. Pero estos temas, si bien influyen en nuestra vida directa o indirectamente, no dependen de nosotros. Y, probablemente, haya muy pocas acciones que puedas hacer hoy para cambiar esa realidad. Una de estas es votar pero, aun así, el resultado de las elecciones no depende de ti. Si el tema, realmente, te interpela, puedes crear movimientos sociales, un partido político, estudiar economía para ser ministro. Pero quejarte de la situación solo te pone en un lugar pasivo y de víctima. Mi vida cambió por completo cuando dejé de involucrarme emocionalmente con estos temas y empecé a elegir qué tipo de acciones dependían de mí bajo estas circunstancias. En lugar de querer cambiar la inflación y el dólar, creé cursos y un modelo de negocio online para llevar mi conocimiento a otros países y tener ingresos en otras monedas.

Entonces, ¿qué es lo que está bajo nuestro control?

✓ **Nuestras respuestas y nuestras reacciones**: No siempre podemos controlar lo que nos sucede, pero sí cómo reaccionamos ante esas circunstancias. Esta es una idea central en la filosofía estoica y en muchas tradiciones de autoayuda y de psicología.

✓ **Nuestros pensamientos:** Aunque los pensamientos pueden surgir automáticamente, con práctica y atención, podemos decidir qué pensamientos alimentamos y cuáles dejamos pasar. Como ya vimos, la meditación y la atención plena (*mindfulness*) son herramientas que ayudan a entrenar la mente en este sentido.

✓ **Nuestras decisiones:** Cada día tomamos decisiones, grandes y pequeñas y, aunque las circunstancias pueden limitar nuestras opciones, en última instancia, somos nosotros quienes decidimos.

✓ **Nuestra actitud:** Podemos decidir si enfocarnos en lo positivo o en lo negativo, si ser optimistas o pesimistas, si ver dificultades como problemas insuperables o como desafíos.

✓ **Nuestro esfuerzo y dedicación**: Si bien no podemos controlar siempre los resultados, podemos controlar cuánto esfuerzo ponemos en un proyecto o en una actividad.

✓ **Nuestros valores y nuestros principios:** Elegimos qué valores guiarán nuestra vida y nuestras acciones. Estos valores, a su vez, influyen en nuestras decisiones y en nuestros comportamientos.

EJERCICIO ESTOICO PARA EL CONTROL

✓ **Identificación de lo controlable y de lo incontrolable:** Haz una lista de las cosas que te preocupan o te frustran actualmente. Luego, clasifícalas en dos categorías: lo que está bajo tu control y lo que no está.

✅ **Enfócate en lo controlable:** Examina la lista de lo que está bajo tu control y piensa en cómo puedes actuar sobre estas áreas. ¿Qué puedes hacer para mejorar, cambiar o aceptar estas cosas? Planifica acciones concretas.

✅ **Suelta lo incontrolable:** Para las cosas que están fuera de tu control, practica la aceptación. Reconoce que no puedes cambiar estas circunstancias y enfócate en tu propia respuesta a estas.

✅ **Practica con paciencia:** Haz un seguimiento regular de tu progreso y continúa practicando esta distinción. La sabiduría y la tranquilidad vienen con el tiempo y con la práctica constante.

Capítulo 6

El origen del sufrimiento

La vida es una serie de cambios naturales y espontáneos. No te resistas a ellos; eso solo crea dolor. Deja que la realidad sea realidad. Deja que las cosas fluyan naturalmente hacia adelante en la manera que quieran.

(Lao-Tse)

Al lado de mi ventana, en el departamento en el que vivía hace unos años, había un árbol muy frondoso, lleno de hojas, muy pero muy verdes. Sin embargo, en cierta época del año, ese árbol empieza a cambiar. El verde brillante de sus hojas se vuelve amarillo, una clara señal de que el otoño ha llegado. Unos meses después, ese mismo árbol está irreconocible, sin hojas, mostrando solo sus ramas marrones ya sin ningún tipo de color. Y, justo cuando piensas que el árbol se queda así para siempre, llega la primavera. Sus hojas comienzan a brotar y poco a poco, para cuando el verano llega, el árbol está lleno y verde otra vez.

Pero ¿qué diferencia hay entre ese árbol y nosotros?

¿Te imaginas al árbol angustiado por perder sus hojas? ¿Quejándose porque eso no le debería estar pasando? ¿Aferrándose a los colores del otoño? ¿Pensando cómo hacer para no secarse? ¿Culpándose, pensando que pudo haber hecho algo "mejor" para evitar ese desenlace? ¿O enojándose con el clima?

¿No sería un enorme gasto de energía? Desde nuestra posición, tanto tú como yo entendemos que todo lo que le pasa a este árbol es parte del ciclo de la naturaleza, de su interacción con el ambiente en el que vive. Incluso sabemos que la esencia del árbol no pasa por el color o por la cantidad de hojas que tenga. Ahora bien, si hacemos un paralelismo con nuestra vida, lo que nos diferencia del árbol es, por un lado, la capacidad de reflexionar sobre nuestras experiencias, de analizarlas (y sobreanalizarlas), de juzgarlas como buenas o malas. Mientras que el árbol, simplemente, "es", nosotros pasamos muchísimo tiempo pensando y significando todo lo que vivimos. Nos convencemos de que hay cosas malas, injustas, feas, que no nos deberían estar pasando.

Y es aquí donde nos complicamos. Dejamos que nuestros pensamientos automáticos controlen nuestra manera de experimentar la vida. Nos percibimos como algo separado de la vida y, en lugar de fluir y de aceptar las circunstancias, nos enojamos con estas. Por otro lado, a diferencia de este árbol, sufrimos el apego, y vivimos aferrados a esas ideas y a todo lo que, sobre esos juicios de valor, consideramos positivo: tener dinero, estar en pareja, conseguir objetivos, estar con ciertas personas, quedarnos en lugares, etc. Lo único que queremos es que la vida permanezca tal cual la conocemos. Sin darnos cuenta, lo único que hace el apego es que nos relacionemos desde el miedo a perder, y no desde la gratitud. De alguna manera entendimos que nuestra identidad, e incluso nuestra felicidad, dependen de la permanencia de esas cosas y personas, y es entonces cuando creamos estrategias de control, como la preocupación, la culpa, la queja, la evitación, la negación, el sobreanálisis, etc., para sostener nuestra "fuente de felicidad". Paradójicamente, todas estas actitudes no solo no nos ayudan a sostenerla, sino que son la fuente de nuestro sufrimiento.

Sin embargo, la naturaleza viene a enseñarnos el valor que hay en cultivar un estado de paz, apertura, flexibilidad, desapego y confianza frente a cualquier evento que la vida nos presente. Todo aquello que nos genera sufrimiento proviene de un exceso de apego a lo que deseamos y de rechazo a lo que tememos que suceda. Por eso, conocer tus tendencias a estos mecanismos te servirá para atravesar las circunstancias de la vida de la mejor manera posible.

La ley de la impermanencia

> **Lo único constante en la vida es el cambio.**
> (Heráclito)

El árbol nos enfrenta con una de las realidades más difíciles de aceptar, pero imposible de escapar: aunque a veces deseemos que las cosas se mantengan igual, el cambio es una parte natural de la vida. Nada en este mundo es estático. Tu cuerpo, la tierra, la naturaleza, el día. Las estaciones cambian, las personas envejecen, las relaciones evolucionan, las montañas se erosionan, las emociones fluctúan, los pensamientos vienen y se van. (Incluso aquello que parece estático). Una piedra nunca es la misma, aunque así parezca; su proceso de transformación es constante.

La *impermanencia* es una verdad fundamental de la existencia y escapa a cualquier deseo de control. Aferrarse en un mundo lleno de cambios es un camino de ida a sufrir.

Por eso, aceptar e integrar esta ley nos ayuda a comprender y apreciar la belleza de la transformación constante que nos rodea y nos enseña a vivir en el presente, a valorar cada momento y a relacionarnos mejor con las cosas que inevitablemente cambiarán.

Ni bueno ni malo... perfecto

Si bien nuestra mente está hecha para emitir rápidamente juicios de valor, las circunstancias de la vida no vienen con etiquetas predefinidas de "buenas" o de "malas". La realidad externa es neutra: es lo que es. El calor es el calor, el invierno es invierno, la tristeza es tristeza. El árbol que pierde sus hojas no es mejor ni peor que el árbol lleno de flores en primavera. Una manera muy fácil de entender esto es que, si la realidad fuera linda o fea, todos la experimentaríamos de la misma manera. Todos estaríamos fascinados por las mismas cosas, personas, lugares, películas, experiencias, clima, etc.

Aceptar la realidad es un acto valiente

ALEJANDRA SAAVEDRA

No obstante, recordemos que la realidad está filtrada por nuestra subjetividad y por una necesidad de sentirnos seguros en todo momento.

Somos nosotros con nuestra mente, nuestra interpretación personal —basada en nuestras experiencias previas, creencias, deseos y temores— la que califica un hecho como positivo o como negativo. Todo lo que haya incorporado como "bueno" será aquello que deseo. Cuántas veces te habrás dicho o escuchado a otros decir: "¡Qué feo día!" cuando el cielo está nublado. Es una reacción automática. Pero estas palabras nada tienen que ver con el día. Esta conclusión está determinada por nuestros deseos o expectativas de cómo debería ser un día perfecto. La lluvia, en sí misma, es una parte esencial de la naturaleza y cumple un papel vital en el ciclo de la vida, nutriendo la tierra y sustentando la flora y la fauna. Desde una perspectiva objetiva, la lluvia no es ni fea ni hermosa; simplemente, es un fenómeno natural que cumple una función necesaria. De igual manera nos sucede cuando atravesamos situaciones más complejas. Por ejemplo, frente al despido de un trabajo o al fin de una relación, nuestra mente —ya aferrada a ciertas ideas— vive ese momento desde un lugar de resistencia, sin poder ver el cambio positivo que, quizás, está naciendo en nuestra vida. Eckhart Tolle decía:

> **Algunos cambios pueden parecer negativos en la superficie, pero te darás cuenta de que se está creando espacio en tu vida para que algo nuevo emerja.**

Desde la perspectiva correcta, todo es perfecto y necesario. Es exactamente lo que debía suceder en ese preciso momento y por eso sucedió así. De todas maneras, sé que, para nuestra mente (que quiere que las cosas salgan como esperaba), esto es difícil de entender. Pero nuestra mente no puede tener más razón que la vida. No solo juzgamos lo que vivimos, sino que, sobre la base de ese juicio, nos aferramos con fuerza a las experiencias que etiquetamos como gratas, rechazando cualquier evento o emoción que desafíe ese estado de bienestar producto de nuestros ideales. Sin darnos cuenta, el aferrarnos a las ideas que tenemos sobre cómo debería ser la vida nos aleja de la vida. Parece un juego de palabras, pero no lo es…

El dolor y el sufrimiento

El dolor es inherente a la existencia humana. La semilla del dolor está latente en cada momento debido a que los seres humanos necesitamos certezas en un mundo inherentemente cambiante. Cualquier forma de existencia está inevitablemente acompañada de la experiencia del dolor debido a la ley de la impermanencia. La alegría, la felicidad o los momentos de placer en la vida son estados temporales y efímeros. La realidad es que, tarde o temprano, todos enfrentamos situaciones que nos causan dolor: la pérdida de un ser querido, una enfermedad, la insatisfacción laboral, u otros desafíos que se nos presentan. El dolor es una reacción natural ante estas circunstancias.

> **No es el cambio lo que produce sufrimiento: es la resistencia a él.**
> (Buda)

Si bien el dolor es parte de la vida, el sufrimiento es opcional, y este es el resultado de la respuesta emocional y mental que las personas tienen hacia el dolor y hacia otras circunstancias de la vida. Es decir, cómo reaccionamos al dolor: cómo lo interpretamos, cuánto nos aferramos a este, cuánto nos resistimos a este, cuánto nos quejamos, cuánto controlamos, cuánto nos culpamos y nos reprochamos.

En general, el sufrimiento es el resultado del deseo de que algo sea diferente a cómo es. Hay una lucha permanente entre lo que es y lo que pensamos que debería ser. Cuando las cosas, inevitablemente, cambian o desaparecen, en primer lugar, experimentamos dolor. Pero, cuando tratamos de sostener apegándonos al escenario ideal y rechazando la realidad a través de la queja, de la culpa —cuando intentamos controlar lo incontrolable—, allí el dolor se transforma en sufrimiento. Sin embargo, podemos liberarnos del sufrimiento a través del entendimiento y de la práctica del desapego y de la aceptación radical. Al comprender que todo en la vida es transitorio, impredecible y que el sufrimiento surge de apegarnos a lo que cambia, comenzamos a soltar, a fluir con los cambios y a encontrar una paz más profunda en el presente.

El *apego y la resistencia*

En junio del 2023, planeé un viaje para pasar mi cumpleaños con Kalita en las Cataratas de Iguazú. Antes de comprar el pasaje y hacer la reserva en uno de los hoteles más hermosos, me "aseguré" de que los días estuvieran soleados (¡qué ilusa!). Miré el pronóstico del clima y todo parecía indicar que el sol nos acompañaría en esa aventura. Muy entusiasmada por festejar mi cumpleaños con Kala en tremenda maravilla natural, llegué a Iguazú junto con ella. Pero, para mi sorpresa, no solo nos encontramos con un día lluvioso, sino que el pronóstico informaba días nublados con lluvias durante todos los días de nuestro descanso. No te voy a mentir: me sentí absolutamente frustrada. Ese escenario no tenía nada que ver con la idea que tenía en mi mente. Deseaba tanto que esos días fueran soleados que mi deseo nublaba mi capacidad de ver y disfrutar todo lo que sí tenía. Estaba con mi hija en uno de los hoteles más hermosos ante una maravilla natural; sin embargo, mi mente solo podía rechazar el clima. La idea que me había hecho de un viaje soleado se estaba comiendo el verdadero y real viaje.

Y así nos suele pasar en distintos aspectos de nuestras vidas: desde los más simples hasta los más complejos. Puedes estar en el paraíso hasta que aparece en tu mente un "Sí, pero…", un deseo, un apego a un ideal. De repente el paraíso podría ser mejor con otra persona, con otro clima, con otra ropa, con otro cuerpo, con más dinero, con más tiempo y un sinfín de etcéteras. Como verás, todo lo que te separa de sentir paz y felicidad en cada momento es aferrarte a ideas o ilusiones erróneas.

Definamos ahora qué es la resistencia. La resistencia es el rechazo o aversión a ciertas experiencias, emociones o realidades. Es una fuerza invisible que opera impulsándonos a rechazar, negar o luchar contra la realidad tal como se presenta. En lugar de permitir que las situaciones fluyan y aceptarlas como son, luchamos contra estas, y nos generamos un gran sufrimiento desconectándonos por completo del presente, de lo que verdaderamente hay para nosotros, intentando evitar o cambiar lo que percibimos como desagradable o indeseable. Esta lucha constante contra la corriente natural de la vida genera tensiones, frustraciones, ansiedad y sufrimiento. No obstante, si esta resistencia es bien encauzada, genera cambios muy importantes.

En resumen, tanto el apego como la resistencia provienen de una falta de comprensión sobre la naturaleza efímera de la vida. Nuestra incapacidad para ver las cosas tal como son (impermanentes y en constante cambio) nos lleva a aferrarnos y a resistirnos, generando ciclos de dolor y descontento. La idea que tenemos de lo que está bien muchas veces entra en conflicto con lo que es, y nos nubla. Y así es cómo terminamos tan aferrados e idealizando ese escenario que solo podemos ver todo lo que faltó, lo que perdimos, lo que no está, lo que pudo ser, sin conectar con todo lo que sí tenemos.

Entonces, cabe preguntarnos… ¿eran malos esos días lluviosos y nublados? ¿O, simplemente, eran lluviosos, y lo que me hacía vivirlos como malos era el apego a una idea y el rechazo a la realidad? ¿No fue un gasto de energía haber deseado que fueran diferentes? De allí la importancia de cultivar el desapego y la aceptación. Al hacerlo, observaremos la vida con claridad, libres de las cadenas del deseo y del rechazo, y así, caminaremos hacia la verdadera paz y liberación. Aprendamos a abrazar cada experiencia —alegre o dolorosa— como una oportunidad para crecer, para aprender y, sobre todo, para comprender que todo tiene un propósito y que nada pasa porque sí. La vida, con sus altos y bajos, es simplemente perfecta en su imperfección y, detrás de cada caos, hay un orden superior. El no comprender que todas las cosas tienen un porqué nos lleva a gastar nuestra energía en la culpa, el reproche, la queja, en lugar de aceptar ese momento y lograr, así, integrar y aprender de todo lo vivido.

¿A qué o a quién me apego?

Te invito a hacer este ejercicio…

El primer paso para desapegarte es identificar tus fuentes de apego:

☑ *Preparación*

Lleva un diario o cuaderno y un bolígrafo para anotar tus reflexiones.

Tómate unos minutos para centrarte y respirar profundamente antes de comenzar.

☑ *Identificación de posesiones*

☑ *Pregúntate: "¿Hay objetos o bienes materiales sin los cuales siento que no podría vivir o que significarían una gran pérdida si desaparecieran?".*

☑ *Anota todos estos ítems, sin importar cuán triviales te parezcan.*

☑ *Identificación de relaciones*

Reflexiona sobre las personas que forman parte de tu vida. ¿Hay alguien a quien te sientes excesivamente apegado, al punto de que tu bienestar emocional depende de su presencia o de su aprobación?

☑ *Anota sus nombres y la naturaleza de tu apego a ellos.*

✅ *Identificación de ideas o de creencias*

Considera tus valores, creencias, objetivos y aspiraciones. ¿Hay ideas o ideales a los que te aferras fuertemente, al punto de que te perturbaría profundamente si fueran desafiados?

Anota estas ideas y creencias, y tus sentimientos asociados a estas.

✅ *Reconocimiento de emociones*

Pregúntate: "¿Qué emociones emergen cuando pienso en perder o soltar alguno de estos apegos?, ¿ansiedad?, ¿tristeza?, ¿miedo?".

Junto a cada ítem, persona o idea que hayas anotado, escribe la emoción predominante que sientes al pensar en su pérdida.

⊘ *Reflexión final*

Observa tu lista y pregúntate: "¿Cómo estos apegos influencian mi comportamiento diario? ¿Me limitan de alguna manera? ¿Aportan positivamente a mi vida o me conducen a emociones y comportamientos no deseados?".

Anota cualquier *insight* o realización que surja de esta reflexión.

Miedo al cambio

Una de las razones por las cuales nos resistimos es porque nuestro cerebro se siente más seguro en ambientes y circunstancias conocidos. Su reacción ante la incertidumbre tiene por costumbre crear escenarios imaginarios basados en experiencias pasadas que suelen ser negativas con el fin de estar "preparados para protegernos". En uno de mis talleres, por ejemplo, una persona contó que solía ir a trabajar con pocas ganas, que su trabajo ya no le gustaba, pero que no lo dejaba debido a la situación del país. Si bien anhelaba emprender y hacer lo que le gustaba, la idea de fracasar o de no tener un ingreso fijo la paralizaba. Ahora bien, estas razones eran válidas, pero no necesariamente reales. ¿Qué significa esto? Todos los escenarios en los que esta persona se imaginaba fracasando era solo en sus pensamientos; eran escenarios que su mente creaba para "protegerla".

Frente a estos hechos, vale preguntarnos: ¿tenemos que evitar vivir esas circunstancias?, ¿son malas?, ¿o son una parte fundamental de cualquier proceso de crecimiento personal?

Debido a estas especulaciones, muchas personas encuentran difícil salir de su zona de confort. El miedo a lo desconocido y la comodidad con lo familiar hacen que el cambio parezca intimidante, o incluso innecesario.

Amplía tu perspectiva

Lo que consideramos frío o cálido depende en gran medida de nuestro punto de referencia. Por ejemplo, la temperatura es una medida objetiva, pero nuestra percepción de lo que es frío o cálido es subjetiva y relativa. Piensa que estás acostumbrado a vivir en un lugar donde las temperaturas invernales promedian los -10° C. En este contexto, una temperatura de 5° C podría sentirse relativamente cálida, mientras que una de 15° C podría parecer extremadamente cálida. Sin embargo, para alguien que vive en un clima tropical donde las temperaturas promedio son de 30° C, esos mismos 15° C se sentirían fríos.

¿Cuál es el punto de referencia con el que estoy observando mi realidad? ¿Lo que me molesta tiene que ver con lo que es o con lo que se aleja de mi ideal?

Cambiar nuestra perspectiva puede ayudarnos a encontrar el lado positivo o los beneficios ocultos en circunstancias aparentemente adversas. Digamos que, si estoy experimentando 0° C, podría estar experimentando -15° C.

> **Muchas veces, lo único que necesitamos para lograr comprender lo perfecto de la vida es tomar distancia.**

Si pudiéramos ver cada evento desde una perspectiva más amplia, sería como si miráramos un paisaje desde la cima de una montaña. Con esa distancia, las pequeñas irregularidades del terreno y los obstáculos que parecían imposibles desde abajo ahora se verían como las piezas de un todo, como parte del contorno natural del paisaje. El hecho es que, con suficiente perspectiva, comenzamos a entender el porqué de cada situación, y ver cómo cada pieza encaja en el grandioso rompecabezas de nuestra existencia. En general, mientras miramos lo que nos molesta, nos cuesta conectar con el "gran porqué" de cada momento. Por eso, tomar distancia es una habilidad que se entrena con la meditación. Ya vimos, en otros capítulos, cómo meditar nos permite observar todas las historias que creamos alrededor de la vida. Con distancia y perspectiva, cada experiencia termina por convertirse en un valioso ejemplo que ilustra un concepto valioso: la importancia de no apegarse a nuestros ideales y aprender a disfrutar la vida tal como es. Entonces, ¿existen experiencias malas?

Miedo a sentir dolor

Otra razón por la cual nos resistimos es el miedo a sentir el dolor que implican los cambios. Queremos anestesiarnos, saltarnos esa parte tan importante en nuestro desarrollo personal; nadie quiere estar triste (la tristeza tiene mala fama). Cuántos de nosotros fuimos criados con frases que anulan nuestra capacidad de sentirnos mal:

"No llores", "No es para tanto", "Te voy a dar una buena razón para que llores", "No estés triste". Incluso en medio del dolor escuchábamos reproches: "Te dije que dejes de correr, ten más cuidado", o de anulación como "No pasó nada".

Todas estas frases nos enseñaron que sentir dolor está mal, que las razones por las cuales sentimos tristeza no son válidas y que debemos transitar la vida teniendo cuidado para evitar caernos o cometer errores.

Crecimos en un ambiente en el que sentir tristeza o llorar debía reprimirse. Nuestros padres no sabían lidiar con sus emociones, y menos iban a poder regular las nuestras. Es por eso que hoy, ante una experiencia dolorosa, nos negamos a sentir esa tristeza, le tenemos miedo, la rechazamos; creemos que está mal estar mal. Por eso, muchas personas eligen quedarse en lugares en los que ya no son felices solo por evitar el dolor que ese cambio pueda generarles. Así es cómo gastamos nuestra energía tratando de que los otros cambien. Si bien sabemos que la tristeza es una emoción incómoda, como todo lo incómodo, nos regala una inmensa transformación al atravesarla. Entonces, no se trata de evitar el dolor, sino de llenarnos de herramientas para atravesarlo y transformarnos a través de este.

RAIN

Existe una poderosa herramienta que puede ayudarnos a abordar este miedo a vivenciar el dolor emocional y al cambio. Se llama "RAIN" y es una técnica de atención plena que nos permite navegar a través de nuestras emociones de manera consciente y compasiva. En lugar de resistirnos al dolor o negarlo, RAIN nos invita a estar con nuestras emociones y pensamientos con amabilidad y atención plenas.

El acrónimo RAIN representa los siguientes pasos:

✓ **Reconocer:** El primer paso es reconocer lo que estamos sintiendo en ese momento. En lugar de huir de la tristeza o del miedo, tomamos consciencia de estas emociones tal como son, sin juzgarlas.

✓ **Aceptar:** Luego, aceptamos estas emociones tal como son, sin tratar de cambiarlas o de juzgarlas como buenas o como malas. Aceptamos que sentir tristeza o miedo es una experiencia humana normal.

✓ **Investigar:** A continuación, exploramos estas emociones con curiosidad y con compasión. Nos hacemos preguntas como "¿Qué está causando esta tristeza?" o "¿Qué necesito en este momento para cuidar de mí mismo?".

✓ **No identificarnos:** Finalmente, recordamos que nosotros no somos nuestras emociones. Somos seres conscientes que experimentan emociones, pero no estamos limitados por ellas. Este paso nos permite separarnos de estas y ganar una mayor perspectiva.

Al practicar RAIN, aprendemos a navegar con más facilidad por las aguas emocionales, permitiéndonos sentir y sanar en lugar de resistirnos al cambio. Esta técnica nos brinda una valiosa herramienta para el crecimiento personal y para la transformación, ayudándonos a avanzar hacia una vida más auténtica y más plena.

Capítulo 7

El pasado y el futuro no existen

Si te preocupas por lo que podría ser, y te preguntas qué podría haber sido, ignorarás lo que es.

(Autor desconocido)

¿Pensaste alguna vez que el futuro y el pasado no existen?, ¿que todo lo que viviste en el pasado sucedió en un presente y todo lo que sucederá en el futuro será en un presente?

> **Lo único real es el aquí y ahora.**

Esto no significa que lo que viviste en el pasado sea una ilusión, sino que la vida siempre está sucediendo en el aquí y ahora. Vivimos en un continuo presente. Por eso, retomemos esta pregunta: ¿te diste cuenta de que estuviste ausente de tu vida? El pasado y el futuro son tiempos mentales. Solo podemos acudir a estos a través de nuestros pensamientos. El acto de recordar el pasado y de imaginar un futuro son fruto de nuestro cerebro, específicamente de la red neuronal por defecto. Uno de los objetivos que me propuse al escribir este libro fue que puedas ser consciente de los momentos en los que tu mente viaja incesantemente al pasado y al futuro (un viaje cargado de reproche, de culpa, de anhelo, de nostalgia, de control, expectativas, de preocupaciones) y logres traerla a lo que está pasando en el presente, ya que todas estas emociones solo nos generan tristeza, mucha ansiedad, angustia, depresión e insatisfacción, sentimientos que se disuelven por completo cuando aprendemos a utilizarlos como una señal y una gran oportunidad de estar presentes.

El desafío de la práctica del *mindfulness* es ayudar a nuestra mente a encauzar toda esa energía y traerla al aquí y ahora. Nuestra mente no es nuestra enemiga. Cuando aprendemos a usarla, dejará de reaccionar como venía haciéndolo en piloto automático y le daremos una nueva perspectiva para que logre responder de manera diferente.

Durante todo el recorrido del libro, aprendimos cuáles suelen ser las causas que hacen que estemos ausentes del presente. Podemos estar en el espacio con el cuerpo, pero tener toda nuestra atención depositada en las historias del pasado y del futuro. El viaje de nuestra mente genera emociones diferentes según cuál sea el tiempo al que se transporten nuestros pensamientos. Por ejemplo, si estoy pensando en el pasado, es probable que sienta tristeza, culpa, nostalgia y, si estoy pensando en el futuro, puedo sentirme ansiosa, preocupada, insatisfecha, etc. Por eso nos urge soltar...

Soltar

Una vez que entendimos que, en nuestra vida, todo está atravesado por el cambio, el acto de soltar es fundamental para dejar ir todas esas historias que nuestro ego sostiene una y otra vez, y así conectar con lo que realmente está pasando en el presente.

Soltar es liberarse de apegos, resentimientos, y necesidades de control, y permitir la aceptación de la realidad tal como es, conectando así con las maravillas que tenemos a nuestro alrededor en el presente. A su vez, involucra perdonar, confiar en un poder superior, ser dueño de nuestra energía y disminuir el enfoque en el ego, lo que facilita la transformación personal. Este acto de soltar no significa indiferencia, sino una comprensión profunda de la impermanencia e interconexión de todas las cosas, lo cual lleva a una mayor paz interior y a una gran armonía con el flujo de la vida.

Deja ir la idea de un pasado mejor

Mi experiencia como psicóloga deportiva me mostró cómo, por ejemplo, un jugador de tenis puede llegar a perder un partido solo por el hecho de perder un punto. Son esos momentos en los que el jugador está a punto de cerrar un *game* o una jugada clave. Al perderlo, su mente queda estancada en ese momento repasando una y otra vez el error, reprochándose. Se va de su presente, y sin su presencia no hay quién juegue lo que resta del partido. Así es cómo un partido entero se le puede escapar de las manos por no haber dejado ir la idea de que podía ganar esa jugada. Y lo mismo nos pasa en la vida cuando no dejamos ir peleas, personas, trabajos, países. Quedamos atrapados en un tiempo pasado puramente mental.

"Qué tonto que fui", "¿Cómo no me di cuenta?", "Tendría que haber actuado diferente", "Nunca debí hacerlo", "Perdí una gran oportunidad", "Siempre hago todo mal", etc. Este mecanismo se activa con la falsa ilusión de poder "evitar lo sucedido".

Repasamos una y otra vez todo lo que pudimos haber hecho o todo lo que no deberíamos haber hecho. Esto podemos extrapolarlo a cualquier situación de nuestras vidas: una separación, un despido, una compra, una decisión, un examen, etc. Este viaje al pasado puede volverse compulsivo. Nuestra mente puede pasar muchísimo tiempo y gastar toneladas de energía repasando una y otra vez diferentes situaciones con la ilusión de "reparar".

Conectar con la compasión y con el aprendizaje

No importa cuánto quieras que las cosas hayan sido diferentes: lo que pasó pasó. Y no: no pudo ser diferente; por eso no lo fue. Hiciste lo mejor que pudiste con la consciencia e información que tenías en ese momento. Mirar la vida desde esta perspectiva te ayuda a dejar de castigarte por haber "tomado malas decisiones". Creer que algo pudo salir mejor es una ilusión que siempre va a estar presente, sea cual fuere el resultado. Por ejemplo, una paciente me decía que, si no hubiera tomado la decisión de hacer un viaje, hubiera podido quedar en el trabajo que le ofrecían, ya que una de las condiciones de entrar era que estuviera presente en esas fechas. La decisión de viajar la había tomado mucho antes de saber que le iban a proponer ese trabajo. Además de no saber que tendría esa oportunidad, nada le aseguraba que, quedándose, iba a ser contratada.

Al aceptar que nuestras decisiones pasadas fueron el resultado de nuestro nivel de consciencia y conocimiento en aquel momento, abrimos la puerta a perdonarnos y a ser más compasivos con nosotros mismos. El perdón aquí no es solo una palabra, sino un proceso de sanación interna que nos permite liberarnos de los pesos del pasado. Además, esta perspectiva nos invita a un aprendizaje profundo. Cada experiencia, "buena" o "mala", se convierte en una fuente de sabiduría. En lugar de quedarnos atrapados en el remordimiento, preguntémonos: "¿Qué puedo aprender de esto? ¿Cómo puede esta experiencia enriquecer mi comprensión y guiar mis acciones futuras?".

La compasión juega un papel crucial en este proceso. Al ser compasivos con nosotros mismos, reconocemos nuestra humanidad y nuestras limitaciones. Entendemos que, al igual que todos, estamos en un proceso constante de crecimiento y cambio.

No hay manera de regresar al pasado y cambiarlo. Es por eso que necesitamos volvernos expertos en identificar este patrón, en "pescarnos" cada vez que entramos en este circuito de apego a un ideal que nos llena de culpa y reproche, para así soltar la idea de *un pasado mejor*. ¿Acaso no te sentirías más liviano si invirtieras toda tu energía en aprender de lo vivido y crecer, en lugar de malgastarla deseando que todo sea distinto, y castigarte por ello? ¿No sería hermoso entregarte a este momento? Este mecanismo de reproche puede ser una especie de "anestesia" y de dolor, que se perpetúa en el tiempo. Esta compasión también se extiende hacia los demás, ya que, al reconocer nuestras propias luchas y errores, nos volvemos más empáticos y comprensivos con las batallas de los demás.

Por último, este enfoque nos enseña a vivir en el presente. En lugar de estar atados a un pasado que no podemos cambiar, o a un futuro lleno de "¿Qué hubiera pasado si…?", nos centramos en el aquí y ahora. Es entonces cuando hacemos elecciones conscientes, guiados por la sabiduría adquirida y por una comprensión más profunda de nosotros mismos y del mundo que nos rodea.

Deja ir la queja

Un día, paseaban dos monjes por un bosque y encontraron a una muchacha que quería cruzar un arroyo, pero no sabía nadar. Entonces uno de ellos la agarró en brazos y la llevó a la otra orilla. Continuaron paseando durante tres horas. De repente, el otro monje se giró, levantó la mirada y le dijo: "Perdona que interrumpa este paseo meditativo, pero es que no puedo aguantar. Nosotros tenemos un voto de celibato y no se nos permite tener contacto con las personas del sexo opuesto. Sin embargo, tú has ayudado a esa chica a cruzar el río, quebrantándolo". El compañero, con una actitud serena y apaciguadora, respondió: "Tienes razón, amigo. Pero he de decirte que yo la agarré durante diez minutos, mientras que tú llevas cargando con ella tres horas"[3].

Una de las cosas que más placer le da a nuestro ego es quejarse del clima, de las personas, de sus relaciones, de su trabajo, de la economía, de la vida misma. Mientras más se queja, paradójicamente mejor se siente. Si bien hacerlo es una energía muy mal invertida, también implica despojarse de nuestra responsabilidad y proyectarla en otro o en una situación. "No me va bien porque el país es un desastre", "Vivo frustrado porque mi pareja no es cariñosa", "Me enojo porque mi jefe llega tarde", etc. Quejarse es sentarse a esperar a que el mundo cambie y a que se adapte a nuestras necesidades sin mover un dedo. Es ver todo lo que está mal y esperar que a se resuelva con nuestra queja.

Imaginemos el siguiente escenario: Dos personas se encuentran para almorzar Durante la conversación tocan el tema del trabajo: "Estoy cansada de mi jefe: siempre me da trabajo fuera de horario". "El mío me escribe los domingos; me tiene harto". "No entiendo, parece que no tiene vida", "No sé qué voy a hacer porque esta situación me está afectando muchísimo", "Me gustaría que se dé cuenta de lo que hace". "Ojalá en su casa lo traten igual a él", "Hace diez años que trabajo ahí y sigue haciendo lo mismo".

------

[3] Cuento zen. Anónimo.

Veamos… El jefe seguirá siendo igual, no dejará de enviarle mensajes los domingos ni de pedirle que se quede hasta tarde trabajando. La queja no cambia a las personas ni las circunstancias. Lo único que hace es crear una cantidad enorme de resentimiento en la persona que la genera. Este mismo escenario podemos extrapolarlo a la pareja, la economía del país, el clima, etc. Esto no significa que el malestar no exista, pero la queja sin acción es un camino de ida hacia la frustración. La queja improductiva es pura verborragia, en la que luchamos en contra de algo o de alguien, en lugar de ir hacia lo que realmente queremos.

Conecta con tu responsabilidad

En el ejemplo de las personas que se quejaban de su jefe, lo ideal sería que encuentren una manera de poder lidiar con la situación pero, sobre todo, entender que son parte de una dinámica y, como tal, cada uno tiene su cuota de responsabilidad. Es más cómodo ver en qué está fallando el otro, ya que (como explicaba anteriormente), durante la queja, el ego queda ileso.

> **Detrás de toda queja hay una
> necesidad desatendida.**

Una manera de salir de la queja es asumir la responsabilidad y recuperar el control sobre la situación a través de estas preguntas:

- ¿Cómo participo de esta dinámica?
- ¿Qué límites no estoy poniendo?
- ¿Qué está a mi alcance cada vez que mi jefe me manda un mensaje los domingos?
- ¿Puedo elegir no contestar?
- ¿Puedo elegir comunicar que a partir de ahora no voy a volver a trabajar fuera del horario laboral?
- ¿Puedo renunciar?

La queja puede ser un gran motor solo si está acompañada de la acción de asumir lo que uno puede hacer, y no lo que nos gustaría que los otros hagan para, por fin, sentirnos mejor.

Dejar ir la nostalgia

Emigrar me hizo conocer de cerca el sentimiento de nostalgia. Me fui de Bolivia cuando era muy chica, para dedicarme a jugar tenis profesionalmente. Extrañaba a mi familia, mis amigos, mi casa; sentía nostalgia por los momentos vividos. Sin embargo, un día, cuando me tocó ir a pasar las fiestas a Bolivia junto a mi familia, me encontré sintiendo nostalgia por estar lejos de mis amigos y de toda mi vida en Buenos Aires. A través de esa experiencia empecé a notar que no se trataba tanto ni del país, ni de las personas ni de todo lo que había dejado atrás, sino de una tendencia de mi mente, que me estaba robando la posibilidad de disfrutar de cada momento: el constante sentimiento de que "antes las cosas eran mejor". El anhelo por el pasado es una sensación tan humana como compleja. A menudo nos encontramos mirando hacia atrás, idealizando momentos que ya han pasado, sumergiéndonos en un mar de "Eran tiempos mejores", "Si pudiera volver atrás", "Esos días sí que eran felices", todas frases que revelan nuestra tendencia a embellecer el pasado, a veces a costa del presente. Sin darnos cuenta, esta mirada nostálgica suele ser una espada de doble filo. Por un lado, nos ofrece un reconfortante refugio, un escape a tiempos percibidos como más simples o felices. Recordar con cariño eventos pasados, personas a las que amamos o experiencias que nos formaron es parte de nuestra naturaleza. A su vez, nos permite conectar con nuestra historia, con lo que nos hizo ser quienes somos. No obstante, el peligro surge cuando la nostalgia nos atrapa en sus redes, impidiéndonos apreciar, o incluso reconocer la belleza y oportunidades del presente. Cuando vivimos con la mirada puesta en el espejo retrovisor, corremos el riesgo de perdernos la vida que acontece aquí y ahora. La trampa de la añoranza puede llevarnos a un estado de melancolía constante, donde el presente nunca parece ser suficiente y el futuro se ve empañado por la sombra de un pasado idealizado.

Conectar con no dar nada por sentado

Recordar y honrar nuestros recuerdos es saludable, pero también lo es reconocer que cada época de nuestra vida tiene su propio valor y significado. El desafío está en no dejar que la nostalgia nos robe el presente. Podemos utilizar esos recuerdos nostálgicos como un trampolín para apreciar más profundamente nuestra vida actual. Cada momento pasado que recordamos con cariño fue alguna vez un presente, y así como aquellos momentos nos dejaron recuerdos preciosos, el presente actual está lleno de oportunidades para crear nuevos.

Podemos estar viviendo un momento hermoso y no verlo por estar pensando que antes todo era mejor, hasta que perdemos ese momento y entramos otra vez en esa tendencia nostálgica. Este instante que estás viviendo ahora mismo podría ser uno de los más bellos y únicos de tu vida, pero tal vez no lo estés percibiendo plenamente, atrapado como estás en la nostalgia del pasado. Por eso es crucial abrir tus ojos y tu corazón a lo que está sucediendo ahora, a vivir cada experiencia y emoción a plenitud. No permitas que la melancolía de ayer eclipse la belleza y valor del hoy. Este momento tiene el potencial no solo de ser apreciado en el futuro, sino de ser vivido y apreciado en su totalidad ahora, evitando, así, la trampa de añorar en el futuro lo que no supiste valorar en su momento.

Dejar ir la insatisfacción: se nos pasa la vida deseando otra vida

Si te encontraras en el paraíso, no pasaría mucho tiempo sin que tu mente dijera: "Sí, pero...".

Las sorpresas
más hermosas
llegan cuando
conectamos
con algo mucho
más grande
que nuestros
pensamientos

Naval Ravikant, un empresario e inversor indio-estadounidense, ve el deseo constante como "un contrato que haces contigo mismo para ser infeliz hasta que obtengas lo que quieres". Esta perspectiva sugiere que, al desear siempre una vida mejor, uno se compromete inconscientemente con una forma de insatisfacción o de infelicidad hasta que esos deseos se satisfacen. Por otra parte, este autor propone que la felicidad es lo que queda cuando se elimina la sensación de que algo falta en la vida. Esto implica que la felicidad, el amor y la pasión no son cosas que se encuentren, sino elecciones que se hacen. Según su visión, cada deseo es una infelicidad elegida, y destaca cómo los deseos pueden llevar a una sensación persistente de falta o carencia. Por mi parte, creo que el deseo es una parte fundamental de la vida. Es la fuente de nuestros objetivos, lo que nos motiva y nos da razones para hacer lo que hacemos todos los días pero, en general, está muy mal regulado.

Vivimos atrapados en un círculo de búsqueda de placer, de deseos, de logros y de nuevos objetivos. Sentimos y creemos que nos falta algo, que estamos incompletos. Tenemos una fuerza interna que nos empuja a buscar una y otra vez algo o alguien con la ilusión de que una vez que lo encontremos, conectaremos con la dicha y la plenitud. Pero ¿te pasó alguna vez que lograste el título, conseguiste a tu pareja, te compraste el auto, te ascendieron de puesto, te subieron el sueldo y la "plenitud" te duró unos minutos? Fue algo así como "Ah… qué bueno que lo logré… qué lindo triunfo… está bueno, sí… aunque no me hace sentir como esperaba… uh, no era lo que pensaba… De hecho, ya está, vamos hacia el siguiente desafío".

Oscilamos entre el deseo, el logro y el vacío. Y estos pensamientos y emociones se repiten en nuestras vidas una y otra vez. Biológicamente, estamos diseñados para perseguir la zanahoria en piloto automático (¿Te suena lo de la zanahoria?).

Conectar con la gratitud

> **Si no puedes disfrutar tu presente, ¿quién te asegura que vas a poder disfrutar el futuro?**

Mi Ale del pasado se sentiría muy orgullosa de mi Ale del presente, de la persona que soy, de mi maternidad, de la profesional en la que me convertí, de los objetivos que logré. Sin ir más lejos, hace unos años, cuando creé mi Instagram, jamás se me hubiera pasado por la cabeza que, gracias a mi contenido, una editorial me contactaría para estar aquí en este momento escribiendo este libro para ti.

En general, dedicamos poco o nada de tiempo para parar, y agradecer el presente. La mente suele ir más rápido que la vida y tiende a ver todo lo que falta. Como ya vimos, es experta en crear ideas sobre cómo deberían ser las personas, los lugares, los momentos, las cosas. Esos ideales compiten y pelean todo el tiempo con la realidad, y nos lleva a crear toneladas de sufrimiento y de frustración. Pese a todo esto, si logras conectar con lo que está pasando, lograrás abrirte al regalo que este momento tiene para ti. En cambio, si sigues alimentando esta insatisfacción, hagas lo que hagas, logres lo que logres, nada tapará el vacío. Porque tanto el vacío como la felicidad son estados internos independientes de las circunstancias externas. Es entonces cuando la consciencia nos recuerda que no se trata tanto de "lo logrado", sino del tiempo y profundidad que le dedicas a valorar y agradecer lo logrado. Que tu felicidad no depende de nada y seguir esperando que suceda algo externo para, por fin, sentirnos seguros es una ilusión.

Si por un momento pudieras detenerte y mirar a tu alrededor, estoy segura de que tienes no solo una razón, sino varias, por las cuales sentir gratitud. La gratitud es fuente de felicidad que nos trae inmediatamente al aquí y ahora. Cuando nuestra energía está en ver todo lo que sí tenemos, y no lo que nos falta, nuestra vida se vuelve abundante.

Si quieres dar un paso más hacia la gratitud, también puedes hacer el ejercicio de sentirte agradecido por aquellos momentos que fueron difíciles y que te trajeron grandes aprendizajes. Creo que esta es una manera muy poderosa y transformadora de vivir la vida, ya que no solo nos centramos en agradecer "lo lindo", sino que también podemos reconocer que aquello que en algún momento tanto nos dolió fue también la fuente de nuestro mayor crecimiento. Agradecer lo que no fue, lo que nos lastimó es un acto hermoso de amor a la vida en todo su esplendor.

Amar lo que ES

> **Cuando acepto la realidad, nada cambia y, al mismo tiempo, todo se transforma.**

Muchas personas suelen decir que aceptar es darse por vencido, bajar los brazos y conformarse. Pero aceptar la realidad es un acto valiente. Es un compromiso activo con los términos que propone la realidad sin intentar cambiar lo que ya pasó, para que se ajuste a nuestros deseos. Al aceptarla plenamente, incluido nuestro dolor, podemos trabajar con ella en lugar de ir en contra de ella, lo que, finalmente, nos lleva a una mayor paz y liberación.

> **La verdadera libertad surge de hacernos responsables de cómo elegimos responder a lo que nos pasa.**

Desde que comprendí esto, no es que dejé de quejarme cuando las cosas no salen como me gustaría, sino que, cada vez que me encuentro a mí misma en esa situación de enojo, queja y malhumor, los tomo como una señal, incluso como una oportunidad para preguntarme: "¿Qué no estás aceptando, Ale?".

El conflicto que se crea entre las expectativas de la mente y lo que ES es la fuente de todo ese sufrimiento. No. *No es lo que pasa: es el rechazo a lo que pasa.* Por eso, la aceptación es, paradójicamente, uno de los actos más profundos y transformadores.

> **Aceptar la realidad nos devuelve la energía y poder que perdimos cuando peleábamos en contra de la vida.**

Y, como diría Byron Katie, una autora estadounidense: "Cuando discuto con la realidad, pierdo solo cien de cada cien veces".

Al aceptar, no cambiamos los hechos, pero sí transformamos nuestra relación con estos. La aceptación nos permite cuestionar las historias que nos contamos sobre nuestras vidas, nuestras historias que, como vimos, están cargadas de apegos, miedo, juicios, expectativas y deseos incumplidos. Al soltar estas narrativas, nos encontramos con la realidad de manera más directa y, en esa autenticidad, encontramos mucha paz.

Generalmente asociamos la paz con que todo esté bien, pero ahora entiendo que la paz es el resultado de un profundo trabajo de aceptación de la realidad. Muchas veces la vida nos presenta situaciones que nos activan mucho ruido mental, e incluso una activación física. Tomemos esos momentos para conectar con nuestra capacidad de crear calma interna desde la aceptación.

La aceptación también es un reconocimiento de nuestra propia resiliencia. Al aceptar, no solo reconocemos la realidad externa, sino también nuestra capacidad interna para adaptarnos y crecer a partir de cualquier circunstancia. Esta es la verdadera naturaleza de la transformación: no que las situaciones cambien a nuestro antojo, sino que nosotros cambiamos y evolucionamos a través de nuestra experiencia con estas. Pero comprendamos bien: la aceptación no es estática, sino que es un proceso dinámico que se renueva con cada momento de nuestra existencia. Cada acto de aceptación es un paso hacia una comprensión más profunda de nosotros mismos y del mundo que nos rodea. Es el suelo fértil desde el cual puede florecer la gratitud, y desde esta gratitud surge la posibilidad de una alegría genuina y sostenida. Por último, la aceptación es la clave para desbloquear la acción efectiva. Al aceptar la realidad tal como es, no como nos gustaría que fuera, decidimos más estratégicamente. La aceptación nos equipa para responder a la vida con agilidad y creatividad en lugar de reaccionar desde un lugar de negación o de frustración.

Por eso, cuando decimos: "Cuando acepto la realidad, nada cambia y al mismo tiempo todo se transforma", estamos reconociendo un profundo misterio de la existencia humana: que, en la aceptación de lo que es, encontramos el poder para abrazar cualquier cambio que la vida nos presente. Y en este abrazo, en esta unión con el flujo de la vida, descubrimos una paz y satisfacción que no dependen de las circunstancias externas, sino de nuestra propia capacidad para vivir en armonía con la realidad.

Abrazar la incomodidad

Creo que uno de los ingredientes principales para estar presentes es aprender a frustrarnos, a equivocarnos, a incluir el "fracaso" como parte de nuestro camino.

Las personas que saben lidiar con la incomodidad y con la frustración son las que logran cambios y resultados realmente sorprendentes en su vida. Son personas que entendieron que la vida está hecha de polaridades, de momentos buenos y malos, de éxitos y fracasos y que cada polaridad nutre a la otra. Cuando nos enfrentamos a situaciones incómodas, ya sea una conversación difícil, un desafío personal o una confrontación de emociones dolorosas, estamos en el terreno del cambio y de la transformación. Es en esos momentos incómodos cuando tenemos la oportunidad de aprender, adaptarnos y evolucionar.

La incomodidad nos empuja a cuestionarnos, a examinar nuestras creencias y a superar nuestros límites autoimpuestos. Nos desafía a salir de la rutina y a explorar nuevos horizontes, ya que, a menudo, es fuera de nuestra zona de confort donde encontramos oportunidades de crecimiento, desarrollo y descubrimiento de nuestras fortalezas ocultas. A todo esto podemos sumarle que la incomodidad nos conecta con nuestra vulnerabilidad. Todos enfrentamos momentos de incomodidad en la vida. Al reconocerla y al aceptarla, cultivamos esa empatía y comprensión hacia los demás. La empatía nace de la experiencia compartida de la incomodidad y nos permite conectarnos de manera más profunda con quienes nos rodean. Como puedes ver, esta es una parte integral de nuestras vidas que merece ser abrazada y valorada. Al enfrentarla con valentía y con mente abierta, podemos abrir la puerta al crecimiento personal, y aprender de esta en nuestro viaje hacia una vida más plena.

Integrar la polaridad

Hace unos días iba caminando con Kalita por la calle. En un momento nos encontramos con una enorme y hermosa enredadera de jazmines. Kala se detuvo a olerla y, con un tono de muchísimo disfrute, me dijo:

—¡Ay, qué rico huelen los jazmines! ¡Amaría que el mundo entero oliera así!

Automáticamente empecé a imaginar cómo sería la vida si el mundo entero tuviera el olor a jazmines. Entonces, le respondí:

—Kalita, si todo en esta vida oliera a jazmín, entonces no podrías darte cuenta de la existencia del olor a jazmín.

Imaginen su carita en ese momento. Con mucha curiosidad me preguntó:
—¿Por qué?
—Porque solamente eres capaz de sentir el olor a jazmín gracias a la ausencia de su olor, o sea, gracias al "no olor" a jazmín.

Esta ley, que proviene de las antiguas enseñanzas herméticas, nos enseña que todo tiene un opuesto; calor y frío, luz y oscuridad, alto y bajo. Estos opuestos son solo en apariencia, porque, en realidad, son solo diferentes grados de la misma cosa. Por ejemplo, el calor y el frío son, simplemente, diferentes niveles de temperatura. Pensemos en el día y en la noche. Sin la noche, no apreciaríamos el día. Sin frío, no entenderíamos qué significa sentir calor. Solo podemos experimentar la felicidad gracias a su ausencia o gracias a la presencia de su opuesto: la tristeza. Los contrastes enriquecen nuestra experiencia. Estos nos ayudan a apreciar y experimentar plenamente cada aspecto de nuestra vida. Entonces, cada vez que rechaces estados como la tristeza, el enojo, la angustia, el miedo, la ansiedad, etc., recuerda que, gracias a sentirlos, puedes experimentar la alegría, el amor, la confianza, la presencia…

Todos los estados son perfectamente necesarios para experimentar la vida en su máxima expresión. No te pelees más con el "no olor a jazmín" porque el olor a jazmín no sería lo que es sin su existencia.

Tanto la impermanencia como la polaridad nos indican que las cosas cambian dentro de un espectro entre dos extremos. Estas leyes juntas —en su funcionamiento— sugieren que la naturaleza de la realidad es fluida y que los opuestos pueden transformarse el uno en el otro y enriquecer nuestra vida

Fluir y confiar

Confiar es mantenerme en el momento presente, permitiendo que la vida fluya, aunque se ponga incómoda…

Fluir con la vida es un paso esencial que solo podemos dar una vez que dejamos ir las historias de la mente, aceptamos la realidad y nos vamos acercando al presente.

Fluir es un acto maravilloso en el que confiamos por completo. Dejamos de luchar en contra de la corriente porque confiamos en que esta nos está llevando al lugar perfecto. Sabemos que no necesitamos cambiar el curso del agua, sino la manera en la que voy a navegarla. Ya no hay necesidad de controlar, de preocuparse, de quejarse, etc. Y, si la hay, no es más que una buena señal de que nos fuimos del presente.

Fluir te permite abrirte, estar dispuesto a recibir su mensaje, a entender que todo lo que sucede en tu vida está ahí para ti. Para que despiertes y sanes. Todo lo que sucede es justo y perfecto, pero no desde una perspectiva de justicia, sino justo para ti, y perfecto para tu camino de autoconocimiento.

¿Qué pasaría si te amigaras con la idea de saber que vas a crecer y evolucionar con todas las experiencias, que no hay nada que evitar ni controlar, que la vida siempre te va a dar lo que es perfecto para tu evolución? Si todo contribuye a tu desarrollo personal y a expandir tu consciencia, entonces, no existen momentos malos

Querer controlar todos los resultados, creer que todo lo que se imagina nuestra mente es real y malo nos hace cerrarnos a la abundancia de posibilidades que el cambio nos brinda.

La realidad es siempre más amable que la película que creamos en nuestra mente. Esto quiere decir que todo lo que solemos imaginar que va a pasar suele estar cargado por escenarios demasiado negativos que, probablemente, nunca pasen. Pero, aun sucediendo, esa experiencia te da la oportunidad de crecer a través de esa incomodidad. Te llenas de nuevos aprendizajes, nuevas herramientas, nuevos vínculos. Todo se vuelve abundante cuando eliges soltar y entregarte a la vida.

Cuando hablamos del despertar de la consciencia, hablamos, justamente, de desactivar el piloto automático, de salir de la inercia de nuestra mente y dejar de repetir sus patrones sin parar.

Confiar en la vida no tiene nada que ver con esperar o "saber" que va a salir todo como lo esperábamos. La confianza surge de soltar esas ideas y tener la seguridad interna de que, pase lo que pase, todo va a contribuir a nuestro crecimiento. Quizás aún no lo puedo ver, pero con el tiempo iremos entendiendo la razón de ser de cada circunstancia.

La vida está hecha para descubrirla, no para saber qué va a pasar

> **Ninguna cantidad de resistencia puede evitar lo que está destinado a SER.**
> **Ábrete y confía en lo que la vida tiene para ti.**

Confiar tanto en la vida que solo me queda entregarme a la energía disponible de cada momento. Fluir me permite vivir sin tanto miedo y sin tantas expectativas. Solo ser y volverme una con las circunstancias. Como una hoja de un árbol que no se preocupa tanto de su destino…

Controlar solo nos deja vivir lo viejo y conocido. Fluir nos abre a conectar con las infinitas posibilidades y experiencias que mi mente desconoce por completo.

Imagínate si todos los días, en lugar de evitar equivocarte, estarías dispuesto a aprender de las experiencias. El error perdería ese peso que tiene en tu vida; es más: ni siquiera existiría en tu lenguaje. Porque cada experiencia estaría ahí para sumar perspectivas, aprendizajes, etc. Anímate a fluir con lo que se presente, a abrirte a la incertidumbre porque solo ahí conectarás con la abundancia, la sorpresa, el cambio y el potencial ilimitado.

Confía en la vida y comprende que cada circunstancia es justo lo que necesitas para tu propia evolución y expansión de consciencia.

Ábrete a recibir el presente. Elige no querer saber ni especular.

Cierra los ojos y abre tu corazón.

Confía.

No es casualidad que "regalo" sea sinónimo de "presente".

Esto que está pasando es un regalo; es nada más y nada menos que tu vida que está sucediendo. Y mereces estar presente en cada momento.

Fin

Contacto

ale.saavedra.ok

/AleSaavedraCerball

ale.saavedra.mindfulness

hola@alesaavedra.com